AF493982

8° F
2044
296

RÉPERTOIRE

DE LA SCIENCE

DES JUSTICES DE PAIX

PAR

MM. CH. MILLION & ALEX. BEAUME

MANUEL-FORMULAIRE

Théorique et Pratique

DES ACCIDENTS DU TRAVAIL

APPENDICE

Contenant le commentaire des lois des 12 avril 1906, 17 avril 1906, 18 juillet 1907.
Arrêtés des 30 septembre 1905, 26 juillet 1906, 30 juillet 1907.
Décrets des 12 juin 1906, 27 septembre 1906, 10 novembre 1906, 13 juin 1907.
Circulaires du Garde des Sceaux des 18 juillet et 4 août 1906.

Par A. POIDVIN

Sous-Inspecteur de l'Enregistrement à Paris, Auteur du Dictionnaire de Droit civil en 3 volumes

Prix : 3 fr., franco

PARIS
ADMINISTRATION DES ANNALES DES JUSTICES DE PAIX
27, RUE GUÉNÉGAUD (VIe ARR.)

1908

Tous droits réservés

8° F 2044

2e APPENDICE

Lois, Décrets, Arrêtés et Circulaires promulguées ou parues depuis la publication du manuel théorique et pratique des accidents du travail, savoir :

1° *Arrêté ministériel* du 30 septembre 1905, fixant le tarif des frais médicaux et pharmaceutiques, prévu par l'article 4 de la loi du 31 mars 1905 ;

2° *Loi* du 12 avril 1906, étendant aux exploitations commerciales, les dispositions de la loi du 9 avril 1898 ;

3° *Loi* du 17 avril 1906, relative à l'assistance judiciaire en appel ;

4° *Décret* du 12 juin 1906, promulguant la convention intervenue entre la France et la Belgique au sujet de la réparation des dommages résultant des accidents du travail ;

5° *Circulaire* du Garde des Sceaux du 18 juillet 1906, relative à la représentation de la victime en conciliation ;

6° *Arrêté* du 25 juillet 1906, relatif au tarif transitoire prévu par l'arrêté ministériel du 30 septembre 1905 sur les frais médicaux et pharmaceutiques ;

7° *Circulaire* du Garde des Sceaux concernant l'obligation pour le juge de paix de procéder toujours à l'enquête en matière d'accident paraissant devoir occasionner la mort ou une incapacité permanente ;

8° *Décret* du 27 septembre 1906, arrêtant la liste des professions commerciales soumises à la taxe de un centime et demi ;

9° *Décret* du 10 novembre 1906, promulguant la convention intervenue entre la France et le Grand Duché de Luxembourg concernant la réparation des dommages résultant des accidents du travail.

10° *Décret* du 13 juin 1907 promulguant l'accord franco italien.

11° *Loi* du 18 juillet 1907, permettant aux employeurs non assujettis d'adhérer à la législation des accidents du travail.

12° *Arrêté ministériel* du 30 juillet 1907, établissant les modèles de déclarations et de carnets prévus par la loi du 18 juillet 1907.

904. — Observation préliminaire. — *Ces Lois, Décrets et Circulaires sont commentées ci-après. Pour mettre l'ouvrage au courant des modifications qui en résultent, il suffit d'annoter les numéros du commentaire primitif portés dans la première colonne du tableau ci-dessous des numéros des nouveaux alinéas contenant l'explication des Lois, Décrets, Circulaires ou Arrêtés nouveaux, figurant dans la deuxième colonne.*

Nos des alinéas modifiés ou complétés. 1	Nos des alinéas à annoter en marge de ceux qui sont modifiés, confirmés ou complétés. 2	Nos des alinéas modifiés ou complétés. 1	Nos des alinéas à annoter en marge de ceux qui sont modifiés, confirmés ou complétés. 2	Nos des alinéas modifiés ou complétés. 1	Nos des alinéas à annoter en marge de ceux qui sont modifiés, confirmés ou complétés. 2
43 bis	939	82	934 à 937-945	594	941 à 961
55	934 à 937	85	934 à 937-945	595	941 à 961
56	934 à 937	214	915 à 933	597	941
57	934 à 937	221	915 à 933	598	943
58	934 à 937	223	915 à 933	846	950 à 961
68	934 à 937	292	950 à 961-964	847	950 à 961
69	937	299	950 à 961-964	858	963
70	937	397	949		
77	937	454	963		

905 ARRÊTÉ DU 30 SEPTEMBRE 1905

Fixant le tarif des Frais médicaux et pharmaceutiques, prévu par l'article 4, de la loi du 31 mars 1905 (rendu en exécution de l'article 4 de la loi du 9 avril 1898, modifié par la loi du 31 mars 1905 et de l'article 2 de cette dernière loi.)

TITRE Ier

FRAIS MÉDICAUX

Art. 1er. — Le prix de la visite faite au domicile du blessé qui ne peut se présenter à la consultation, sans inconvénient pour sa santé, est fixé à 2 fr.

Il est élevé à 2 fr. 50 : 1° à Paris ; 2° dans les localités où il serait reconnu, après enquête, qu'antérieurement à 1901 le prix courant de la visite pour les ouvriers traités dans lesdites localités était égal ou supérieur à 2 fr. 50. La désignation de ces localités sera faite par arrêté ministériel, après avis de la commission spéciale prévue à l'article 4 de la loi du 9 avril 1898, modifié par la loi du 31 mars 1905, sur la demande qui en serait adressée au ministre du commerce, au plus tard dans les trois mois de la publication du présent arrêté, par les syndicats médicaux ou par les associations locales de l'Association générale des médecins de France, par les groupements professionnels ouvriers ou par les groupements professionnels patronaux intéressés (1).

Il est réduit à 1 fr. 50 : 1° dans les localités comptant moins de 5.000 habitants ; 2° dans les localités, quelle que soit leur population, où il serait reconnu, suivant les formes et conditions spécifiées à l'alinéa précédent, qu'antérieurement à 1901 le prix courant de la visite pour les ouvriers était inférieur ou égal à 1 fr. 50.

Art. 2. — Le prix de la consultation au cabinet du médecin est inférieur de 50 centimes au prix de la visite, tel qu'il est spécifié à l'article précédent.

Art. 3. — Le prix de le visite ou de la consultation comprend un pansement aseptique simple ou petit pansement.

Néanmoins, pour le pansement aseptique fait au cours de la

(1) Cet arrêté a été rendu le 26 juillet 1906, voir n° 910 ci-après.

première visite ou consultation, il est alloué un honoraire égal à celui de la visite ou de la consultation, tel que le déterminent les articles 1 et 2 ci-dessus.

Art. 4. — Le prix de la visite est double, lorsqu'elle doit avoir lieu à heure fixe dans le cas prévu par le cinquième alinéa de l'article 4 de la loi du 9 avril 1898.

Art. 5. — Le prix de la visite est triple lorsque, dans les cas graves et pressants, elle doit avoir lieu entre 9 heures du soir et 6 heures du matin.

Art. 6. — Lorsque la visite doit être suivie d'une surveillance prolongée dans l'éventualité de complications menaçant la vie, chaque demi-heure de surveillance équivaut à une visite en plus, dans la limite d'un maximum de cinq visites.

Art. 7. — Lorsque, dans les cas graves et pressants, un confrère doit être appelé en consultation, le prix de la consultation équivaut au prix de quatre visites, tant pour le médecin traitant que pour le médecin appelé en consultation.

Art. 8. — Donne lieu à une indemnité kilométrique toute visite au domicile du blessé qui ne peut se déplacer sans inconvénient pour sa santé et exigeant un déplacement du médecin dans une commune qu'il ne visite pas régulièrement ou dans laquelle il ne donne pas de consultations à jours fixes. Même dans ce cas, l'indemnité est due s'il y a lieu à un déplacement spécial d'urgence.

Cette indemnité est calculée par kilomètre parcouru, en allant et en revenant, entre la limite de la commune de la résidence du médecin et la mairie de la commune où est traité le blessé, à raison de : 1° 20 centimes, si le transport a été effectué en chemin de fer ; 2° 40 centimes, si le transport a eu lieu autrement.

Elle ne peut toutefois excéder l'indemnité attribuable au médecin le plus rapproché.

Elle est réduite des trois quarts, lorsque le médecin utilise son passage dans la résidence du blessé sans se déplacer exclusivement pour lui.

Elle est majorée de moitié, lorsque la visite doit être faite d'urgence entre 9 heures du soir et 6 heures du matin.

Art. 9. — Le certificat médical initial constatant sommairement la nature de la blessure et le pronostic probable donne droit à une indemnité spéciale de 2 fr.

En cas de blessures multiples, ou bien de contusions ou brûlures, portant sur le thorax, l'abdomen ou la tête, le certificat initial descriptif de l'état du blessé donne droit à une indemnité spéciale de 5 fr.

Le certificat final descriptif, constatant l'état du blessé après consolidation de la blessure, donne droit à une indemnité spéciale de 5 fr.

Le certificat par lequel le médecin indique, dans sa dernière consultation, la guérison du blessé, ne donne pas lieu à une indemnité spéciale.

ART. 10. — Les soins médicaux et opérations de petite chirurgie donnent droit, en sus du prix de la consultation ou de la visite, aux allocations spécifiées ci-après :

A. *Allocation correspondant au prix d'une visite ou d'une consultation :*

1. Pointes de feu.
2. Cautères.
3. Sangsues.
4. Ventouses.
5. Avulsion de dent sans anesthésie.
6. Cathétérisme évacuateur répété.
7. Séance de massage de la main ou du pied par le médecin traitant.

B. *Allocation correspondant au prix de deux visites ou consultations :*

1. Ouverture d'abcès superficiel.
2. Suture simple.
3. Anesthésie locale.
4. Ablation d'esquilles ou pointes osseuses.
5. Ablation d'ongles semi-détachés.
6. Ablation de parties condamnées.
7. Pansement antiseptique complet, pansement hémostatique ou grands bandages compressifs.
8. Injections hypodermiques.
9. Cautérisations profondes.
10. Séance complète de massages autres que ceux de la main ou du pied par le médecin traitant.
11. Séance complète d'électrisation par le médecin traitant au moyen d'appareils portatifs.

12. Extraction facile de corps étrangers sous la peau.

13. Toucher vaginal et examen au spéculum.

14. Toucher rectal.

15. Répétition de la pose de petits appareils plâtrés ou silicatés au-dessous du genou et du coude.

16. Injection de sérum physiologique.

NOTE. — Lorsque le traitement d'une plaie exigera, au cours d'une même visite ou consultation, plusieurs des opérations suivantes : ablation d'esquilles, de pointes osseuses, d'ongles semi-détachés, de parties condamnées, ces opérations ne seront pas comptées distinctement et il ne sera alloué que l'honoraire afférent à l'une d'elles.

C. *Allocation correspondant au prix de trois visites ou consultations :*

1. Pansement de brûlures, gangrènes, vastes traumatismes, de larges plaies post-opératoires, y compris les ablations nécessaires.

2. Pansement intra-utérin.

3. Hémostase par ligature au fond d'une plaie.

4. Saignée.

5. Opération de diagnostic nécessitant un outillage et une technique spéciaux : otoscopie, rhinoscopie, laryngoscopie, ophtalmoscopie.

6. Contention de fractures simples des côtes, de l'omoplate, du sternum, des os du crâne, etc., quand elle n'exige pas d'intervention spéciale et en dehors de toute complication.

D. *Allocation correspondant au prix de cinq visites ou consultations :*

1. Réunion par sutures multiples.

2. Traitement de l'asphyxie.

3. Evacuation de foyers sanguins ou purulents par larges débridements et drainages.

4. Pansement de brûlures graves ou étendues.

5. Extraction facile de corps étrangers des cavités naturelles.

6. Taxis sans anesthésie par les méthodes de douceur.

7. Injections sous-cutanées de sérums antimicrobiens et antitoxiques y compris le traitement des accidents locaux consécutifs.

8. Lavage de la plèvre, lavage de la vessie avec cathétérisme.

9. Réduction facile de luxations cédant aux méthodes de douceur.

10. Réduction et contention des fractures simples des doigts, des orteils, des métacarpiens et métatarsiens.

11. Répétition de pose d'appareils plâtrés ou silicatés pour les parties du corps autres que celles visées au n° 15 du groupe B.

12. Greffes épidermiques.

E. *Allocation correspondant au prix de dix visites ou consultations :*

1. Anesthésie générale.

2. Ponctions dans les diverses cavités suivies ou non d'injection.

3. Réduction des luxations, ne cédant pas aux méthodes de douceur, du poignet, du maxillaire inférieur, de la rotule sans délabrement.

4. Réduction des fractures simples du corps de l'humérus, du cubitus, du radius, de la clavicule.

5. Réduction des fractures simples du maxillaire inférieur.

6. Amputation d'un doigt ou d'un orteil.

7. Extirpation d'hématomes, de corps étrangers enkystés ou de petites bourses séreuses enflammées.

Art. 11. — Les opérations de grande chirurge donnent droit, en sus du prix de la consultation ou de la visite, aux allocations spécifiées ci-après :

F. *Allocation de 20 fr., 25 fr. ou 35 fr., suivant que le prix de la visite pour la localité est respectivement de 1 fr. 50, 2 fr. ou 2 fr. 50 :*

1. Hématocèle vaginale.

2. Réduction des fractures du péroné.

3. Ligature de la radiale, cubitale, humérale, faciale ou temporale.

G. *Allocation de 25 fr., 30 fr. ou 40 fr., suivant que le prix de la visite pour la localité est respectivement de 1 fr. 50, 2 fr. ou 2 fr. 50 :*

1. Curetage utérin.

2. Ténotomie, comprenant la suture des tendons superficiels du poignet, de la main, du pied ou du cou-de-pied.

3. Périnéorraphie n'intéressant pas le sphincter de l'anus.

4. Trépanation simple du crâne.

5. Réduction des fractures intra ou juxta-articulaires du poignet ou des os de la face.

H. *Allocation de 30 fr., 40 fr. ou 55 fr., suivant que le prix de la visite pour la localité est respectivement de 1 fr. 50, 2 fr. ou 2 fr. 50 :*

1. Urétrotomie externe ou interne.

2. Accouchements d'origine traumatique sans complication.

3. Arthrotomie du carpe, du métacarpe, du poignet, du pied, du cou-de-pied, du coude, du genou.

4. Ligature des tibiales et péronières, de la poplitée, fémorale, linguale, des carotides, des artères palmaires et plantaires.

5. Empyème simple.

I. *Allocation de 40 fr., 55 fr. ou 75 fr., suivant que le prix de la visite pour la localité est respectivement de 1 fr. 50, 2 fr. ou 2 fr. 50 :*

1. Réduction des fractures du corps du fémur et du tibia, du genou, du cou-de-pied, de la rotule, de la colonne vertébrale, du bassin.

2. Amputation du bras.

3. Ligature de l'axillaire, de la sous-clavière.

J. *Allocation de 60 fr., 75 fr. ou 100 fr., suivant que le prix de la visite pour la localité est respectivement de 1 fr. 50, 2 fr. ou 2 fr. 50 :*

1. Trachéotomie sans complication.

2. Kélotomie sans complication.

3. Opération sur le rein après blessure ou déchirure de l'organe.

4. Réduction des fractures des deux os de la jambe.

5. Arthrotomie de l'épaule, de la hanche.

6. Désarticulation du carpe, du métacarpe, du poignet, du pied, du cou-de-pied, du coude, du genou.

7. Amputation de l'avant-bras, de la jambe.

8. Laparotomie exploratrice.

K. *Allocation de 75 fr., 100 fr. ou 130 fr., suivant que le prix de la visite pour la localité est respectivement de 1 fr. 50, 2 fr. ou 2 fr. 50 :*

1. Désarticulation de l'épaule.
2. Ligature de l'iliaque externe.

L. *Allocation de 110 fr., 150 fr. ou 200 fr., suivant que le prix de la visite pour la localité est respectivement de 1 fr. 50, 2 fr. ou 2 fr. 50 :*

1. Désarticulation de la hanche.
2. Amputation de la cuisse.

ART. 12. — Les opérations suivantes donnent lieu, suivant les cas, aux allocations dont le minimum et le maximum sont déterminés ci-après :

1. Curetage et grattage des os, de 25 à 40 fr.
2. Evidement et trépanation des os, de 40 à 75 fr.
3. Sections et sutures des nerfs ou des tendons autres que ceux prévus au n° 2 du groupe G, de 40 à 75 fr.
4. Hématocèle intra-utérine, de 40 à 75 fr.
5. Réduction des fractures des os du crâne, de 40 à 75 fr.
6. Réduction des luxations ayant nécessité l'emploi des appareils et des méthodes de force, — du pouce, de l'épaule, du cou-de-pied, du genou, de 40 à 125 fr.
7. Grands phlegmons et abcès profonds, de 55 à 75 fr.
8. Empyème avec résection costale, de 55 à 100 fr.
9. Autoplasties, de 55 à 100 fr.
10. Réduction des fractures intra ou juxta-articulaires de l'épaule, du coude, de la hanche, de 55 à 100 fr.
11. Opérations après rupture de l'urètre, de 75 à 100 fr.
12. Résections articulaires du carpe, du métacarpe, du poignet, du pied, du cou-de-pied, du coude, du genou, de 75 à 100 fr.
13. Trachéotomie compliquée, de 75 à 125 fr.
14. Laparotomie suivie d'opérations sur les viscères abdominaux, de 75 à 150 fr.
15. Kélotomie avec complications (anus contre nature, résection de l'intestin, etc.), de 75 à 150 fr.
16. Périnéorraphies autres que celles visées au n° 3 du groupe G. de 75 à 150 fr.
17. Réduction des luxations — ayant nécessité l'emploi des

appareils et des méthodes de force — du coude, de la hanche, de 75 à 150 fr.

18. Résections articulaires de l'épaule, de la hanche, de 75 à 150 fr.

19. Opération d'Estlander, de 100 à 150 fr.

20. Trépanation compliquée du crâne, volet crânien, de 100 à 150 fr.

Dans l'allocation afférente à toute réduction de luxation ou de fracture se trouve comprise la pose du premier bandage contentif ou du premier appareil plâtré ou silicaté, s'il y a lieu.

ART. 13. — Pour les interventions de grande chirurgie, la rémunération de tout aide (docteur en médecine ou officier de santé) est fixée au quart du prix de l'opération, sans que, quel quel que soit le nombre des aides, leur rémunération totale puisse dépasser la moitié de ce prix.

ART. 14. — Lorsque, sur l'avis écrit du médecin traitant, le blessé doit s'adresser à un médecin spécialiste, il y a lieu à attribution des honoraires ci-après :

A. *Médecins oculistes*

1. Examen du blessé, y compris un pansement simple, 3 fr.

2. Extraction d'un corps étranger superficiel, y compris un autre pansement, 5 fr.

3. Extraction d'un corps étranger de la cornée avec kératite, y compris quatre autres pansements, 15 fr.

4. Opération de moyenne importance sur la cornée, la sclérotique, l'iris (sutures cornéennes, autoplastie conjonctivale, ulcères infectieux, excision de prolapsus iridiens, opérations sur les voies lacrymales et les paupières, discision de cataractes secondaires, etc.), y compris quatre autres pansements, 35 fr.

5. Opérations sérieuses (cataractes traumatiques, extraction de corps étrangers du corps vitré, du cristallin, énucléation, éviscération, iridectomie, etc.), y compris quatre autre pansements, 75 fr.

(Au-delà de cinq pansements, chacun est compté pour 3 fr., sans que le nombre des pansements supplémentaires puisse dépasser vingt).

B. *Médecins oto-rhino-laryngologistes*

1. Examen du blessé, y compris un pansement simple, 5 fr.

2. Examen complet de l'audition, 10 fr.

3. Tamponnement antérieur des fosses nasales, 5 fr.

4. Tamponnement antéro-postérieur des fosses nasales, 20 fr.

5. Ablation simple, sans opération, d'un corps étranger de l'oreille, des fosses nasales, du pharynx, 10 fr.

6. Ablation par voie endolaryngée d'un corps étranger du larynx, 20 fr.

7. Ablation chirurgicale d'un corps étranger de l'oreille, du nez (par décollement de l'oreille externe, opération de Rouge ou analogue), 60 fr.

8. Ablation chirurgicale d'un corps étranger du larynx par laryngotomie ou trachéotomie, trépanation de l'apophyse mastoïde, 75 fr.

Art. 15. — Les allocations dues en vertu du présent arrêté font l'objet d'une note d'honoraires signée du médecin traitant et contenant :

1° Les nom et adresse du médecin traitant ;

2° Les nom et adresse du blessé ;

3° Les nom et adresse du chef d'entreprise ;

4° La date de l'accident ;

5° La commune où le blessé a été soigné ;

6° S'il y a lieu, la distance kilométrique entre la mairie de la commune où le blessé a été soigné et la limite de la commune où réside le médecin ;

7° L'indication, dans leur ordre chronologique et avec leurs dates, des certificats, consultations, visites, interventions, ainsi que des circonstances (visites de nuit, à heure fixe, indemnités de déplacement, etc.) qui peuvent en modifier le prix ;

8° La dénomination exacte des opérations d'après le tarif (avec explication du prix fixé, au cas où le tarif comporte un maximum et un minimum) ;

9° L'indication, s'il y a lieu, des fréquences de visites ou consultations et de tout ce qui, dans le traitement, a pu présenter un caractère anormal ;

10° Le total des honoraires.

TITRE II

FRAIS PHARMACEUTIQUES

Art. 16. — Le tarif des frais pharmaceutiques visé par l'article 4 de la loi du 9 avril 1898, est fixé, pour le département de la Seine et pour les autres départements, tel qu'il est annexé au présent arrêté.

I. — TARIF DES MANIPULATIONS POUR LES PRÉPARATIONS MAGISTRALES

1° *Emplâtres sur peau ou sur sparadrap.*

Le produit de la longueur d'un emplâtre, multipliée par sa largeur, donne sa surface en centimètres carrés, et c'est d'après la dimension de cette surface que les emplâtres sont taxés, conformément au tableau ci-dessous.

Le prix de la peau ou du sparadrap et celui de la masse emplastique qui sert à confectionner l'emplâtre se trouvent compris dans les prix indiqués par ce tableau.

Les emplâtres sont divisés en quatre catégories, suivant la valeur de la masse emplastique.

Si l'emplâtre doit être additionné, saupoudré, recouvert ou arrosé d'une substance quelconque, on ajoute au prix fixé par le tableau le prix de cette substance, plus 10 centimes pour cette manipulation spéciale.

Une bordure de diachylum augmente d'un quart le prix de l'emplâtre.

DÉNOMINATION DES EMPLATRES divisés EN CATÉGORIES	CENTIMÈTRES carrés DE SURFACE	PRIX
1re catégorie — Emplâtres de ciguë, des quatre-fondants, du pauvre-homme, de thapsia, de thériaque, de savon camphré, vésicatoire, de Vigo.	de 1 à 10	0f 10
	— 11 — 25	0 20
	— 26 — 50	0 30
	— 51 — 75	0 45
	— 76 — 100	0 50
	— 101 — 150	0 60
	— 151 — 200	0 80
	— 201 — 300	1 »
	— 301 — 400	1 10
2e catégorie — Emplâtres de poix de Bourgogne, de céroène, de diachylum, de diapalme, de savon.	de 1 à 50	0f 25
	— 51 — 100	0 40
	— 101 — 200	0 50
	— 201 — 300	0 80
	— 301 — 400	1 »
	— 401 — 500	1 20

DÉNOMINATION DES EMPLATRES divisés EN CATÉGORIES	
3e catégorie — Emplâtres avec extraits (de ciguë, de belladone, etc.).	On établit le prix en ajoutant le prix de l'extrait employé au prix d'un emplâtre de même surface et de la première catégorie.
4e catégorie — Emplâtres ou mouches d'opium.	On calcule le prix de l'extrait d'opium, et on l'augmente d'un prix fixe de manipulation de 20 centimes.

2° *Collutoires, collyres, confections, électuaires, gargarismes, glycérolés, injections, lavements, loochs* COMPOSÉS, *lotions, macérations, marmelades, mélanges, mixtures, opiats, pommades, potions, poudres* COMPOSÉES, *solutions*.

Pour établir le prix de ces préparations, on fait d'abord le total des prix de chacune des substances qui entrent dans leur composition, et l'on y ajoute un prix fixe de manipulation de 20 centimes, mais seulement dans les cas où l'emploi du mortier, ou du feu, ou du filtre est nécessaire.

3° *Décoctions, infusions, lixiviations.*

Les prix des décoctions, des infusions, des lixiviations, sont établis en ajoutant au prix des substances un prix proportionnel de manipulation fixé par le tableau ci-contre	Jusqu'à 100 gr.	0f 15
	De 101 à 250 —	0 20
	De 251 à 500 —	0 35
	De 501 à 1000 —	0 50

4° *Stérilisation.*

La stérilisation d'un liquide par simple ébullition est fixée d'après la règle suivante :

Pour toute quantité égale ou inférieure à 100 grammes. 0f 20

Pour toute quantité supérieure à 100 grammes 0 50

5° *Stérilisation à l'autoclave :* 70 centimes.

6° *Paquets et pilules.*

La division d'une poudre en paquets et la division d'une masse pilulaire en pilules sont réglées comme il suit, d'après le nombre de paquets ou de pilules :

De 2 à 10, 2 centimes le paquet ou la pilule, en outre du prix des substances.

Pour les paquets ou pilules à partir du 11e, 1 centime 5 le paquet ou la pilule, en outre du prix des substances.

1er exemple : pour la préparation de huit pilules, on compte huit fois 2 centimes, c'est-à-dire 16 centimes qu'on ajoute au prix des substances ;

2e exemple : pour la préparation de 16 pilules, on compte, pour les dix premières, dix fois 2 centimes ou 20 centimes, et, pour les six autres, six fois 1 centime 5, ou 9 centimes, ce qui donne le total de 29 centimes, qu'on ajoute au prix des substances.

Si la substance mise en paquets est une poudre composée, on ajoute, pour rémunérer la manipulation nécessitée par la préparation de cette poudre, une somme de 20 centimes au chiffre obtenu par le calcul ci-dessus, mais seulement si le nombre des paquets est inférieur à 20.

Il est également ajouté un prix de manipulation de 20 centimes pour la préparation de toute masse pilulaire composée de plusieurs substances, lorsque le nombre des pilules à préparer est inférieur à 20.

Nota. — Pour ne pas introduire de fractions de 5 centimes dans les mémoires, on les néglige quand elles sont inférieures à 3 centimes et 3 ou 4 centimes se comptent comme 5 centimes.

Si les pilules doivent être argentées, le prix de manipulation ci-dessus est augmenté de 1 centime par pilule ; il est doublé si elles doivent être gélatinisées et triplé si elles doivent être kératinisées.

7° *Cachets médicamenteux.*

La division d'une poudre en cachets médicamenteux est réglée commme il suit, d'après le nombre de cachets :

De 2 à 10, 3 centimes le cachet, en outre du prix des substances, mais y compris la valeur des rondelles de pain azyme.

Pour les cachets à partir du 11e, 2 centimes le cachet, en

outre du prix des substances, mais y compris la valeur des rondelles de pain azyme.

Si la substance mise en cachets est une poudre composée, on ajoute, pour rémunérer la manipulation nécessitée par la préparation de cette poudre, une somme de 20 centimes au prix obtenu par le calcul ci-dessus, mais seulement si le nombre de cachets est inférieur à 20.

8° *Capsules.*

Le prix de manipulation pour les capsules préparées sur ordonnance spéciale est égal à trois fois le prix établi pour les cachets.

9° *Ampoules stérilisées à l'autoclave.*

Pour établir le prix de ces ampoules, lorsqu'elles sont préparées sur ordonnance spéciale et non d'après une formule courante, on établit le prix du médicament, auquel on ajoute un prix de 20 centimes par ampoule.

10° *Analyse d'urine.*

Recherche qualitative du sucre, de l'albumine ou de la bile, avec indication de la densité et des autres caractères physiques de l'urine . . . . 2 fr.

(Cette somme de 2 fr. est allouée aux pharmaciens, même dans les cas où il y a lieu d'exécuter l'un ou l'autre des dosages taxés (*ci-dessous*).

Examen microscopique du sédiment. . . . . 2 fr.

Dosage des éléments anormaux :

Sucre . . . . 2 fr.

Albumine . . . . 2 fr.

Dosage des éléments normaux :

Urée. . . . . 2 fr.

Acide urique. . . . . 2 fr.

Chlorures . . . . 2 fr.

Phosphates. . . . . 2 fr.

Analyse complète : 10 fr.

11° *Analyse bactériologique :* 10 fr.

12° *Indemnité de nuit :* 1 fr. en plus du prix des médicaments.

13° *Petits pansements d'urgence.*

Pour les petits pansements faits d'urgence par les pharmaciens dans le cas de traumatisme peu important, il leur est alloué, fournitures comprises, 75 centimes à titre d'indemnité.

II. — TARIF DES SUBSTANCES PHARMACEUTIQUES ET OBJETS DE PANSEMENTS

Instructions pour l'usage de ce tarif.

Pour connaître les prix des différents poids d'une substance, il faut d'abord chercher quel numéro figure en regard de cette substance dans la **Nomenclature** alphabétique ci-après ; ensuite on se reportera au **Barème des Prix** qui suit la nomenclature, où l'on trouvera à la ligne correspondante à ce numéro les prix de la substance considérée pour chacune des quantités prévues dans les seize colonnes du barème, depuis 1 kilogr. jusqu'à 10 centigr.

Lorsque les substances sont délivrées par doses inférieures à 10 centigr. ou autrement qu'en poids, c'est-à-dire par litre ou à la pièce, comme les sirops, cachets, pilules, etc., on trouvera les prix dans la nomenclature même.

A. — NOMENCLATURE

PRODUITS	NOMBRE ou QUANTITÉ	PRIX	NUMÉRO de référence au barème
A			
Abrastol (asaprol)	.....	.....	44
Absinthe, feuilles mondées	.....	.....	9
Absinthe, feuilles pulvérisées	.....	.....	11
Absinthe maritime (mondée)	.....	.....	9
Acétanilide (antifébrine)	.....	.....	37
Acétate d'ammoniaque liquide (esprit de Mindererus)	.....	.....	17
Acétate de morphine	5 centigr.	0 10	56
Acétate de plomb cristallisé (sel de Saturne)	.....	.....	9
Acétate (Sous-) plomb liquide (extrait de Saturne)	.....	.....	9
Acétate de potasse	.....	.....	14
Acétate de soude	.....	.....	14
Acétone	.....	.....	22
Acétphénétidine (phénacétine)	.....	.....	37
Ache, racine	.....	.....	9

PRODUITS	NOMBRE ou QUANTITÉ	PRIX	NUMÉRO de référence au barême
Acide acétique cristallisable	.....	.....	30
Acide acétique du verdet (vinaigre radical).	.....	.....	30
Acide acétique pyroligneux	.....	.....	10
Acide arsénieux pulvérisé	.....	.....	23
Acide azotique pur	.....	.....	13
Acide azotique du commerce	.....	.....	8
Acide azotique alcoolisé (esprit de nitre dulcifié	.....	.....	23
Acide benzoïque sublimé (de Paris)	.....	.....	35
Acide borique	.....	.....	7
Acide borique pulvérisé	.....	.....	11
Acide chlorhydrique (hydrochlorique, muriatique) pur	.....	.....	11
Acide chlorydrique du commerce	.....	.....	3
Acide chromique cristallisé	.....	.....	44
Acide chromique en solution (Codex)	.....	.....	41
Acide chrysophanique	.....	.....	41
Acide citrique pulvérisé	.....	.....	22
Acide cyanhydrique (prussique) médicinal	.....	.....	38
Acide formique	.....	.....	28
Acide gallique	.....	.....	36
Acide hippurique	.....	.....	44
Acide lactique	.....	.....	32
Acide nitrique (azotique) pur	.....	.....	13
Acide nitrique (azotique) du commerce)	.....	.....	7
Acide phénique (phénol) cristallisé	.....	.....	17
Acide phénique absolu ou neige ou chimiq. pur	.....	.....	20
Acide phénique liquide ordinaire	.....	.....	7
Acide phosphorique officinal	.....	.....	31
Acide picrique	.....	.....	24
Acide prussique (cyanhydrique) médicinal	.....	.....	38
Acide pyrogallique	.....	.....	37
Acide salicylique pur	.....	.....	33
Acide sulforicinique	.....	.....	33
Acide sulfurique pur	.....	.....	11
Acide sulfurique du commerce	.....	.....	3
Acide tannique (tannin) à l'éther	.....	.....	30
Acide tannique (tannin) à l'alcool, pur	.....	.....	34
Acide tartrique pulvérisé	.....	.....	22
Acide thymique (thymol) cristallisé	.....	.....	37
Acide valérianique	.....	.....	45
Aconit napel, feuilles mondées	.....	.....	13
Aconit pulvérisé	.....	.....	19
Aconitine cristallisée	1 centigr.	0 30	
Idem	10 centigr.	1 25	
Aconitine amorphe	1 centigr.	0 15	
Idem	10 centigr.	0 50	

PRODUITS	NOMBRE ou QUANTITÉ	PRIX	NUMÉRO de référence au barème
Adrénaline cristallisée	1 centigr.	2 25	
Idem	5 milligr.	1 25	
Adrénaline, solution au 1/1000	. . . .	. . . .	51
Agaric blanc pulvérisé	. . . .	. . . .	18
Agaric de chêne (amadou)	. . . .	. . . .	19
Agaricine	. . . .	. . . .	54
Aigremoine, feuilles mondées	. . . .	. . . .	9
Airol (oxyiodogallate de bismuth)	. . . .	. . . .	44
Alcali volatil (ammoniaque liquide)	. . . .	. . . .	8
Alcool rectifié à 90° :			
Paris	litre	5 50	23
Idem	1/2 litre	2 90	23
Alcool rectifié à 90° :			
Province	litre.	4 »	19
Idem	1/2 litre.	2 20	19
Alcool rectifié à 60° :			
Paris	litre.	3 30	17
Idem	1/2 litre.	1 75	17
Province	litre.	3 15	16
Idem	1/2 litre.	1 75	16
Alcool camphré fort :			
Paris	litre.	4 50	20
Idem	1/2 litre.	2 30	20
Province	litre.	4 50	20
Idem	1/2 litre.	2 30	20
Alcool camphré faible (eau-de-vie camphrée) :			
Paris	litre.	3 »	16
Idem	1/2 litre.	1 70	16
Province	litre.	3 »	16
Idem	1/2 litre.	1 70	16
Alcool sulfurique (eau de Rabel)	. . . .	. . . .	22
Alcoolat de cannelle :			
Paris	. . . .	. . . .	26
Province	. . . .	. . . .	25
Alcoolat de cochléaria composé :			
Paris	litre.	6 50	25
Idem	1/2 litre.	3 50	25
Province	litre.	6 »	24
Idem	1/2 litre.	3 25	24
Alcoolat de Cologne (eau de Cologne) :			
Paris	litre.	7 50	26
Idem	1/2 litre.	4 »	26
Province	litre.	6 50	25
Idem	1/2 litre.	3 50	25
Alcoolat de Fioravanti (baume de Fioravanti) :			
Paris	litre.	7 50	26
Idem	1/2 litre.	4 »	26
Province	litre.	6 50	25

PRODUITS	NOMBRE ou QUANTITÉ	PRIX	NUMÉRO de référence au barème
Alcoolat de Fioravanti (baume de Fioravanti):			
Province	1/2 litre.	3 50	25
Alcoolat de Lavande :			
Paris	litre.	6 50	25
Idem	1/2 litre.	3 50	25
Province	litre.	6 »	24
Idem	1/2 litre.	3 25	24
Alcoolat de Mélisse composé (eau de Mélisse des Carmes :			
Paris	flacon	0 50	26
Idem.	litre.	7 50	26
Idem.	1/2 litre.	4 »	26
Province	flacon.	0 50	25
Idem.	litre.	6 50	25
Idem.	1/2 litre.	3 50	25
Alcoolat de menthe :			
Paris.	litre.	7 50	26
Idem.	1/2 litre.	4 »	26
Province	litre.	6 50	25
Idem.	1/2 litre.	3 50	25
Alcoolat de romarin :			
Paris.	litre.	6 50	25
Idem.	1/2 litre.	3 50	25
Province	litre.	6 »	24
Idem	1/2 litre.	3 25	24
Alcoolat de vulnéraire :			
Paris.	litre.	6 50	25
Idem.	1/2 litre.	3 50	25
Province	litre.	6 »	24
Idem	1/2 litre.	3 25	24
Alcoolatures d'aconit, de belladone, de datura et autres plantes indigènes	. . . . .	. . . .	30
Aldéhyde formique (formaldéhyde, formol), solution à 40 %.	. . . . .	. . . .	20
Aloés du Cap	. . . . .	. . . .	12
Aloès du Cap pulvérisée	. . . .	. . .	21
Aloès des Barbades pulvérisée	. . . . .	. . . . .	27
Alun (sulfate d'alumine et de potasse) pulvérisé.	. . . . .	. . . . .	7
Alun calciné	. . . . .	. . . . .	14
Amadou (agaric de chêne)	. . . . .	. . . . .	19
Amidon pulvérisé	. . . . .	. . . . .	7
Ammoniaque liquide (alcali volatil) ordinaire	. . . .	. . . . .	8
Ammoniaque liquide (alcali volatil) pure. .	. . . . .	. . . . .	14
Ampoules de cacodylate de soude, de méthylarsinate de soude, de glycérophosphates, de morphine	les 6.	1 75	
Idem.	les 12.	2 80	

PRODUITS	NOMBRE ou QUANTITÉ	PRIX	NUMÉRO de référence au barème
Ampoules autres que celles ci-dessus . . .	les 6.	2 »	
Idem	les 12.	3 50	
Analgésine (antipyrine, diméthyloxyquinizine)	. . . .	. . . .	37
Anis vert	. . . .	. . . .	9
Anis vert pulvérisé	. . . .	. . . .	14
Anis étoilé (badiane).	. . . .	. . . .	19
Anis étoilé pulvérisé.	. . . .	. . . .	24
Antifébrine (acétanilide)	. . . .	. . . .	37
Antimoine diaphorétique (antimoniate de potasse, oxyde blanc d'antimoine	. . . .	. . . .	24
Antipyrine (analgésine).	. . . .	. . . .	37
Apiol	. . . .	. . . .	44
Arbutine	. . . .	. . . .	56
Arenaria rubra	. . . .	. . . .	19
Argentamine	. . . .	. . . .	44
Argyrol.	. . . .	. . . .	60
Aristochine	. . . .	. . . .	62
Aristol (iodo thymol, thymol bi-iodé) . .	. . . .	. . . .	42
Armoise, feuilles mondées	. . . .	. . . .	9
Arnica, fleurs.	. . . .	. . . .	15
Arrhénal (méthylarsinate de soude) . . .	. . . .	. . . .	46
Arséniate d'ammoniaque.	. . . .	. . . .	39
Arséniate d'antimoine	. . . .	. . . .	39
Arséniate de fer	. . . .	. . . .	39
Arséniate de potasse.	. . . .	. . . .	36
Arséniate de soude	. . . .	. . . .	36
Arsénites (mêmes prix que les arséniates).			
Artémisine	. . . .	. . . .	59
Asa fœtida pulvérisé	. . . .	. . . .	23
Asaprol (abrastol, sulfonaphtolate de chaux)	. . . .	. . . .	44
Asperge, racine coupée.	. . . .	. . . .	9
Aspirine	. . . .	. . . .	41
Atropine et ses sels (à l'exception du valérianate).	1 centigr.	0 10	
Idem	10 centigr.	0 50	
Aunée, racine coupée	. . . .	. . . .	9
Aunée, racine pulvérisée.	. . . .	. . . .	15
Axonge lavée, ou benzinée, ou populinée . .	. . . .	. . . .	13
Aya-pana.	. . . .	. . . .	32
Azotate (nitrate) d'aconitine	1 milligr.	0 15	
Idem.	1 centigr.	0 30	
Idem.	10 centigr.	1 25	
Azotate (nitrate) d'argent cristallisé ou fondu	. . . .	. . . .	45
Azotate (nitrate) (Sous) de bismuth (variable)	. . . .	. . . .	35
Azotate (nitrate) (Sous-deuto-) de mercure turbith nitreux	. . . .	. . . .	32
Azotate (nitrate) (Deuto) de mercure liquide concentré (nitrate acide de mercure). . . .	. . . .	. . . .	26

PRODUITS	NOMBRE ou QUANTITÉ	PRIX	NUMÉRO de référence au barème
Azotate (nitrate) de pilocarpine (variable) . .	1 centigr.	0 20	65
Idem	5 centigr.	0 40	65
Azotate de potasse (sel de nitre) pulvérisé . .	. . . . .	. . . .	9
B			
Badiane (anis étoilé)	. . . . .	. . . . .	19
Badiane (anis étoilé) pulvérisé	. . . . .	. . . . .	24
Baies de genièvre	. . . . .	. . . . .	6
Bain de Barèges artificiel à l'hydrosulfate de soude	le bain.	0 70	
Bain de Plombières	le bain.	0 90	
Bain sédatif de Raspail.	le bain.	0 65	
Bain sulfureux liquide.	le bain.	0 35	
Bandes pour pansements. (Voir aux Objets de pansement.)			
Bardane, racine coupée.	. . . . .	. . . .	9
Basilicum, onguent	. . . . .	. . . . .	12
Baudruche gommée	0m,10	0 20	
Idem.	0m,05	0 15	
Baume d'Arceus.	. . . . .	. . . .	14
Baume du Canada.	. . . .	. . . . .	33
Baume du Commandeur (teinture balsamiq.:			
Paris.	. . . .	. . . . .	25
Province	. . . .	. . . . .	23
Baume de copahu.	. . . . .	. . . . .	24
Baume de copahu solidifié	. . . . .	. . . .	26
Baume de Fioravanti (alcoolat de térébenthine comp.) :			
Paris.	litre.	7 50	26
Idem	1/2 litre.	4 »	26
Province	litre.	6 50	25
Idem.	1/2 litre.	3 50	25
Baume nerval (variable)	. . . .	. . . . .	30
Baume Opodeldoch solide	flacon.	1 »	.
Idem.	1/2 flacon.	0 55	
Baume Opodeldoch liquide.	. . . .	. . . .	26
Baume du Pérou	. . . . .	. . . . .	34
Baume de tolu (variable)	. . . . .	. . . . .	32
Baume tranquille	. . . . .	. . . . .	16
Belladone, feuilles mondées	. . . . .	. . . . .	12
Belladone, feuilles pulv.	. . . . .	. . . . .	19
Belladone, racine pulv.	. . . . .	. . . . .	28
Benjoin.	. . . . .	. . . . .	23
Benjoin pulvérisé	. . . .	. . . .	28
Benzoate d'ammoniaque, de chaux ou autres, sauf les suivants.	. . . . .	. . . . .	37
Benzoate de bismuth	. . . . .	. . . . .	39

PRODUITS	NOMBRE ou QUANTITÉ	PRIX	NUMÉRO de référence au barème
Benzoate de gaïacol			47
Benzoate de lithine			39
Benzoate de soude			33
Benzonapthol			34
Bétol (salicylate de naphtol, salinaphtol)			39
Beurre de cacao			24
Beurre de muscades (variable)			33
Bi-carbonate de potasse			14
Bi-carbonate de soude (sel de Vichy) pulvér.			7
Bichlorures, bi-iodures (Voir chlorures, iodures).			
Biscuit purgatif à la scammonée	la pièce.	0 45	
Biscuit vermifuge	la pièce.	0 35	
Bistorte, racine			9
Bistorte, racine pulvérisée			14
Bisulfite de soude			7
Blanc de baleine (cétine)			21
Bleu de Méthylène pur			44
Bleu de Prusse (cyanure double de fer) pulvérisé			35
Boldo, feuilles			20
Borate de soude (borax) pulvérisé			13
Bougies camphrées	la pièce.	0 10	
Bougies en gomme noire	la pièce.	0 70	
Bougies en gomme noire coniques ou olivaires	la pièce.	1 25	
Bougies en gomme blonde	la pièce.	1 »	
Bougies en gomme blonde coniques ou olivaires	la pièce.	1 40	
Bouillon blanc (molène), feuilles			9
Bouillon blanc (molène), fleurs			18
Boules de Nancy	la pièce.	0 20	
Bourgène (bourdaine), écorce			19
Bourgeons de sapin du Nord			12
Bourrache, feuilles			9
Bourrache, fleurs			18
Bouts de sein cristal sans tube	la pièce.	0 55	
Bouts de sein cristal avec tube	la pièce.	0 70	
Brome			42
Bromhydrate d'arécoline			68
Bromhydrate de caféine			48
Bromhydrate de cicutine	5 centigr.	0 20	60
Bromhydrate de quinine (variable)			48
Bromoforme			42
Bromogallol			41
Bromure d'ammonium			32
Bromure de calcium			32
Bromure de camphre (camphre monobromé)			37
Bromure d'éthyle (éther bromhydrique)			40

PRODUITS	NOMBRE ou QUANTITÉ	PRIX	NUMÉRO de référence au barème
Bromure d'éthyle en ampoules de 30 gr.	l'ampoule	4 »	
Bromure de lithium			37
Bromure de potassium			28
Bromure de sodium			32
Bromure de strontium			32
Brucine et ses sels			56
Bucchu, feuilles			18
Busserole (uva ursi), feuilles			10
C			
Cachou pulvérisé			14
Cacodylate de fer			48
Cacodylate de soude			46
Caféine			45
Caillelait (sommités fleuries)			10
Calomel à la vapeur (protochlorure de mercure)			34
Camomille, fleurs			16
Camomille, fleurs, pulvérisée			21
Campbre (très variable)			28
Camphre pulvérisé (très variable)			30
Camphre monobromé (bromure de camphre)			37
Canne de Provence, racine coupée			8
Cannelle de Chine			13
Cannelle de Chine pulvérisée			19
Cannelle de Ceylan			23
Cannelle de Ceylan pulvérisée			28
Cantharidate de potasse ou de soude	1 centigr.	0 20	68
Cantharides pulvérisées			34
Cantharidine	1 centigr.	0 20	68
Canules en gomme		0 35	
Canules en gomme à injections pour femmes	la pièce.	0 70	
Canules en verre cristal	la pièce.	0 40	
Canules à lavement, en os	la pièce.	0 30	
Canules rectales Nélaton	la pièce.	2 10	
Capillaire de Montpellier			13
Capillaire du Canada			19
Capsules gélatineuses, oblongues ou sphériques			
Capsules de térébenthine, de goudron, de térébenthine de Venise	les 10.	0 20	
Idem	les 20.	0 35	
Idem	les 30.	0 50	
Idem	les 50.	0 70	
Idem	les 100.	1 »	

PRODUITS	NOMBRE ou QUANTITÉ	PRIX	NUMÉRO de référence au barème
Capsules de copahu, cubèbe et analogues, de créosote de hêtre, de goudron créosoté, d'huile de foie de morue	les 10.	0 30	
Idem.	les 20.	0 50	
Idem.	les 30.	0 75	
Idem.	les 50.	1 »	
Idem.	les 100.	1 50	
Capsules de créosote iodoformée, d'essence d'eucalyptus, d'éther, d'eucalyptol, d'huile de foie de morue créosotée, d'huile de ricin (petites)	les 10.	0 35	
Idem.	les 20.	0 60	
Idem.	les 30.	0 90	
Idem	les 50	1 25	
Idem.	les 100.	1 75	
Capsules de bromure de camphre, de carbonate de créosote, de chloral à 25 centigr., de chloroforme, d'éthérolès divers, d'eucalyptol iodoformé, de gaïacol, de gaïacol iodoformé, d'ichthyol, de terpine, de terpinol.	les 10.	0 50	
Idem.	les 20.	0 90	
Idem.	les 30.	1 25	
Idem.	les 50.	1 75	
Idem.	les 100.	2 50	
Capsules d'essence de santal, de santal, de santal salolé	les 10.	0 70	
Idem.	les 20.	1 20	
Idem.	les 30.	1 75	
Idem.	les 50.	2 50	
Idem.	les 100.	3 50	
Capsules d'apiol, de carbonate de gaïacol, d'huile de ricin (molles et grosses)	les 4.	0 55	
Idem.	les 6.	0 70	
Idem.	les 8.	0 85	
Idem.	les 10.	1 »	
Idem.	les 20.	1 75	
Idem.	les 30.	2 50	
Idem.	les 50.	3 50	
Les capsules de gluten sont facturées aux prix des capsules gélatineuses correspondantes, avec une majoration de 50 %.			
Carbonate d'ammoniaque	. . . . .	. . . . .	12
Carbonate de chaux	. . . . .	. . . . .	15
Carbonate de créosote (créosotal	. . . . .	. . . . .	38
Carbonate (Sous-) de fer (safran de mars apéritif, sesquioxyde de fer).	. . . . .	. . . . .	17
Carbonate de gaïacol.	. . . . .	. . . . .	46

PRODUITS	NOMBRE ou QUANTITÉ	PRIX	NUMÉRO de référence au barème
Carbonate de lithine			39
Carbonate de lithine effervescent			33
Carbonate de magnésie			15
Carbonate de plomb pulvérisé			12
Carbonate de potasse (sel de tartre) pur			9
Carbonate (Bi-) de potasse (sel de tartre) pur			14
Carbonate de soude du commerce			2
Carbonate (Bi-) de soude pulvérisé			7
Carragahen (fucus crispus, mousse perlée)			12
Cascara sagrada pulvérisé			30
Cascarille, écorce			13
Cascarille, écorce pulvérisée			19
Casse en bâton			12
Casse, pulpe cuite			27
Cassis, feuilles			9
Castoréum pulvérisé (variable)			52
Caustique de Canquoin			28
Caustique de Vienne (poudre de Vienne)			35
Centaurée (petite), sommités			12
Cérat de Galien			14
Cérat laudanisé			24
Cérat opiacé			24
Cérat saturné			14
Cérat simple ou sans eau			17
Cérat souffré			14
Cétine (blanc de baleine)			21
Charbon végétal pulvérisé			15
Charbon de peuplier pulvérisé			19
Chicorée, feuilles mondées			9
Chiendent coupé			8
Chloral hydraté (hydrate de chloral)			32
Chloralantipyrine (hypnal)			42
Chloralose (glycochloral)			54
Chlorate de potasse			19
Chlorate de potasse pulvérisé			22
Chlorate de soude			22
Chlorhydrate d'ammoniaque (chlorure d'ammonium, sel ammoniac) blanc pulvérisé			18
Chlorhydrate de cocaïne (variable)	5 centigr.	0 20	59
Chlorhydrate d'héroïne	5 centigr.	0 20	59
Chlorhydrate de morphine (très variable)	5 centigr.	0 10	56
Chlorhydrate de phénécolle			51
Chlorhydrate de pilocarpine (variable)	1 centigr.	0 20	63
Idem	5 centigr.	0 40	63
Chlorhydrate de quinine (neutre ou acide)			48
Chlorhydro-phosphate de chaux			30
Chlorhydrosulfase de quinine			48
Chloroforme			30

PRODUITS	NOMBRE ou QUANTITÉ	PRIX	NUMÉRO de référence au barème
Chloroforme pur anesthésique			34
Chloroforme anesthésique en ampoules			37
Chloro-iodure de mercure (sel de Boutigny)			42
Chlorure d'ammonium (chlorhydrate d'ammoniaque, sel ammoniac) blanc pulvérisé			18
Chlorure de calcium cristallisé			15
Chlorure de chaux (hypochlorite de chaux) sec			5
Chlorure de chaux (hypochlorite de chaux) liquide	litre.	0 50	3
Idem	1/2 litre.	0 30	3
Chlorure (Per-) de fer à 30°			24
Chlorure (Proto-) de fer			32
Chlorure (Proto-) de mercure (calomel à la vapeur)			34
Chlorure (Proto-) de mercure (précipité blanc)			35
Chlorure (Bi-) de mercure (sublimé corrosif)			32
Chlorure d'or et de sodium			64
Chlorure de sodium (sel marin) ordinaire	500 gr.	0 15	
Idem	250 gr.	0 10	
Chlorure de sodium (sel marin) pur			27
Chlorure de soude liquide (hypochlorite de soude, liqueur de Labarraque)	litre.	1 »	7
Idem	1/2 litre.	0 55	7
Chlorure de zinc pur			32
Chlorure de zinc liquide pour désinfections	litre.	1 30	8
Idem	1/2 litre.	0 75	8
Chrysarobine			45
Cicutine (conicine)	5 centigr.	0 20	60
Cigarettes médicinales (arsenicales, de belladone, de datura stramonium, etc.)	la pièce	0 10	
Idem	les 10.	0 60	
Ciguë, feuilles mondées			12
Ciguë, feuilles pulvérisées			19
Ciguë, semences fraîchement pulvérisées			22
Cinchonine et ses sels			47
Cinabre (sulfure rouge de mercure) pulvérisé			30
Cinnamate de soude (hétol)			45
Cinq racines (espèces diurétiques)			10
Cire blanche			18
Citrate de caféine			45
Citrate de fer ammoniacal en paillettes			32
Citrate de magnésie vrai			24
Citrophène			48
Clous fumants	la pièce.	0 05	
Coaltar émulsionné			13
Coca, feuilles (variable)			24
Cocaïne (variable)	5 centigr.	0 30	63
Cochenille pulvérisée			32

PRODUITS	NOMBRE ou QUANTITÉ	PRIX	NUMÉRO de référence au barème
Codéine et ses sels (variable)	5 centigr.	0 20	60
Coings (pépins de)	. . .	. . . .	26
Colchique, bulbes ou semences pulvérisées	. . .	. . . .	26
Cold-cream	. . .	. . . .	21
Collargol	. . .	. . . .	57
Collodion (élastique ou non)	. . .	. . . .	26
Colombo, racine	. . .	. . . .	17
Colombo, racine pulvérisée	. . .	. . . .	22
Colophane pulvérisée	. . .	. . . .	12
Coloquinte pulvérisée	. . .	. . . .	28
Compresses de toile	. . .	. . . .	22
Compte-gouttes calibré	la pièce.	0 35	
Condurango, écorce concassée	. . .	. . . .	22
Condurango, écorce pulvérisée	. . .	. . . .	28
Condurango, écorce granulée	. . .	. . . .	30
Conicine (cicutine)	5 centigr.	0 20	60
Conserve de roses	. . .	. . . .	26
Consoude (grande), racine coupée	. . .	. . . .	8
Copahu	. . .	. . . .	24
Copahu solidifié	. . .	. . . .	26
Coquelicot, fleurs (variable)	. . .	. . . .	20
Coriandre (semences)	. . .	. . . .	8
Corne de cerf râpée	. . .	. . . .	12
Corne de cerf calcinée et porphyrisée	. . .	. . . .	20
Coton iodé	. . .	. . . .	35
Coumarine	. . .	. . . .	52
Courges (semences)	. . .	. . . .	20
Cousso, fleurs pulvérisées	. . .	. . . .	36
Craie préparée (carbonate de chaux)	. . .	. . . .	15
Crème de tartre (bitartrate de potasse) pulvérisée	. . .	. . . .	16
Crème de tartre soluble (tartrate borico-potassique)	. . .	. . . .	22
Créoline	. . .	. . . .	12
Créosotal (carbonate de créosote)	. . .	. . . .	38
Créosote de houille	. . .	. . . .	32
Créosote de bois de hêtre	. . .	. . . .	33
Crésylol	. . .	. . . .	10
Cryogénine	. . .	. . . .	52
Cubèbe pulvérisé (variable)	. . .	. . . .	28
Cyanure de fer double (bleu de Prusse) pulvérisé	. . .	. . . .	35
Cyanure de fer et de potassium (cyano-ferrure de potassium, prussiate jaune de potasse)	. . .	. . . .	22
Cyanure de fer et de quinine (hydro-ferrocyanate de quinine)	. . .	. . . .	52
Cyanure de mercure	. . .	. . . .	40
Cyanure de potassium pur	. . .	. . . .	33

PRODUITS	NOMBRE ou QUANTITÉ	PRIX	NUMÉRO de référence au barème
Cynoglosse (masse pilulaire)	.....	.....	40
D			
Dattes	....	.....	10
Datura stramonium, feuilles mondées	..	...	11
Datura stramonium pulvérisé	....	.....	20
Décoction blanche de Sydenham	litre.	1 30	8
Idem	1/2 litre.	0 75	8
Dermatol (gallate basique de bismuth)	.....	.....	39
Deuto-chlorures, deuto-iodures. (Voir chlorures, iodures).			
Dextrine	.....	.....	9
Diascordium, électuaire	.....	....	24
Diastase (maltine)	.....	.....	47
Digestif simple, ou animé	....	.....	24
Digitale pourprée, feuilles mondées	.....	...	19
Digitaline pourprée, pulvérisée	.....	..	21
Digitale amorphe chloroformique	1 centigr.	0 10	
Idem	10 centigr	0 70	
Digitaline cristallisée	1 centigr.	0 50	
Idem	5 centigr.	2 25	
Digitaline cristallisée (solution du Codex au millième)	50 gouttes	0 20	39
Di-iodoforme	.....	.....	48
Dionine	.....	.....	62
Diméthyloxyquinizine (antipyrine ou analgésine)	....	.....	37
Diurétine	....	.....	48
Dormiol	....	....	47
Douce-amère, tiges coupées	....	.....	8
Dragées d'aloès	les 10.	0 15	
Idem	les 20.	0 30	
Idem	les 50.	0 55	
Idem	les 100.	1 »	
Dragées de bromure de camphre	les 10.	0 50	
Idem	les 20.	0 85	
Idem	les 50.	1 75	
Idem	les 100.	2 80	
Dragées de cascara	les 10.	0 50	
Idem	les 20.	0 85	
Idem	les 50.	1 75	
Idem	les 100.	2 80	
Dragées de chloral	les 10.	0 50	
Idem	les 20.	0 85	
Idem	les 50	1 75	
Idem	les 100.	2 80	
Dragées de copahu, de copahu et cubèbe, et			

PRODUITS	NOMBRE ou QUANTITÉ	PRIX	NUMÉRO de référence au barème
analogues	les 10.	0 30	
Idem	les 20.	0 50	
Idem	les 50.	1 »	
Idem	les 100.	1 75	
Dragées d'ergotine à 20 cent	les 10.	0 70	
Idem	les 20.	1 25	
Idem	les 50.	2 10	
Idem	les 100.	3 50	
Dragées de fer réduit, d'iodure de fer, de lactate de fer, de protochlorure de fer, de protoxalate de fer	les 10.	0 20	
Idem	les 20.	0 40	
Idem	les 50.	1 »	
Idem	les 100.	1 75	
Dragées de santonine	les 10.	0 15	
Idem	les 20.	0 30	
Duboisine	1 centigr.	0 30	
E			
Eau albumineuse	litre.	1 »	7
Idem	1/2 litre.	0 55	7
Eau blanche (Codex)	litre.	0 35	2
Idem	1/2 litre.	0 20	2
Eau boriquée à 4 %	litre.	0 50	3
Idem	1/2 litre.	0 30	3
Eau bouillie	.....	.....	1
Eau camphrée	.....	.....	4
Eau de chaux	litre.	0 35	2
Idem	1/2 litre.	0 20	2
Eau chloroformée saturée	litre.	2 »	11
Idem	1/2 litre.	1 10	11
Eau de Cologne (alcoolat de Cologne) :			
Paris	litre.	7 50	26
Idem	1/2 litre.	4 »	26
Province	litre.	6 50	25
Idem	1/2 litre.	3 50	25
Eau dentifrice :			
Paris	litre.	7 50	26
Idem	1/2 litre.	4 »	26
Province	litre.	6 50	25
Idem	1/2 litre.	3 50	25
Eau de gomme	.....	.....	6
Eau de goudron	litre.	0 35	2
Idem	1/2 litre.	0 20	2
Eau de Goulard (eau végéto-minérale)	litre.	0 90	6
Idem	1/2 litre.	0 50	6
Eau hémostatique	litre.	2 50	13

PRODUITS	NOMBRE ou QUANTITÉ	PRIX	NUMÉRO de référence au barème
Eau de mélisse des Carmes (alcoolat de mélisse comp.) :			
Paris.	flacon.	0 50	26
Idem.	litre.	7 50	26
Idem.	1/2 litre	4 »	26
Province	flacon.	0 50	25
Idem.	litre.	6 50	25
Idem.	1/2 litre.	3 50	25
Eau oxygénée médicinale	litre.	5 »	19
Idem.	1/2 litre	2 60	19
Eau oxygénée chirurgicale	litre.	3 40	15
Idem.	1/2 litre.	1 80	15
Eau phagédénique	. . . .	. . . .	10
Eau phéniquée à 1 °/₀ (Codex)	litre.	0 50	3
Idem.	1/2 litre.	0 35	3
Eau phéniquée à 2 °/₀ (Codex)	litre.	0 75	5
Idem.	1/2 litre.	0 40	5
Eau phéniquée à 5 °/₀	litre.	1 »	7
Idem.	1/2 litre.	0 55	7
Eau de Rabel (alcool sulfurique, acide sulfurique alcoolisé)	. . . .	. . .	22
Eau sédative	litre.	0 35	2
Idem.	1/2 litre.	0 20	2
Eau de Sedlitz	bouteille.	0 40	
Eau de Seltz	siphon	0 20	
Idem.	bouteille.	0 20	
Eau végéto-minérale (eau de Goulard) . . .	litre.	0 90	6
Idem.	1/2 litre.	0 50	6
Eau-de-vie vieille :			
Paris.	litre.	4 »	18
Idem.	1/2 litre.	2 25	18
Province	litre.	3 50	16
Idem.	1/2 litre.	1 90	16
Eau-de-vie-allemande (teinture de jalap composée)	. . . .	. . . . .	26
Eau-de-vie camphrée (alcool camphré faible).			
Paris.	litre.	3 »	16
Idem.	1/2 litre.	1 70	16
Province	litre.	3 »	16
Idem.	1/2 litre.	1 70	16
Eau-de-vie de Gayac (teinture de bois de gayac)	. . . . .	. . . .	22
Eau vulnéraire spiritueuse (alcoolat vulnéraire :			
Paris.	litre.	6 50	25
Idem.	1/2 litre.	3 50	25
Province	litre.	6 »	24
Idem.	1/2 litre.	3 25	24

PRODUITS	NOMBRE ou QUANTITÉ	PRIX	NUMÉRO de référence au barème
Eau distillée simple	litre	0 30	1
Idem.	1/2 litre.	0 20	1
Eau distillée d'absinthe, d'anis, d'armoise, de camomille, de laitue, de mélilot, de mélisse, de menthe, de plantain, de sureau, de tilleul, de valériane, et autres que celles qui sont ci-après désignées.	.....	.....	8
Eau distillée d'amandes amères ou de cerises noires	.....	.....	11
Eau distillée de cannelle	.....	.....	11
Eau distillée de copahu ou de matico	.....	.....	13
Eau distillée de fleurs d'oranger	.....	.....	11
Eau distillée de laurier-cerise	.....	.....	11
Eau distillée de roses	.....	.....	10
Ecorce de chêne concassée	.....	.....	7
Ecorce de chêne pulvérisée (tan)	.....	.....	8
Ecorce de garou.	paquet.	0 10	
Ecorce de grenades	.....	.....	11
Ecorce d'oranges amères	.....	.....	13
Ecorce d'orme pyramidal	.....	.....	12
Ecorce de racine de grenadier sèche	.....	.....	15
Ecorce de racine de grenadier pulvérisée.	.....	.....	22
Ectogan (Peroxyde de zinc).	.....	.....	44
Electuaire de copahu du Codex	.....	.....	30
Electuaire diascordium	.....	.....	24
Electuaire thériaque.	.....	.....	24
Elixir dentifrice :			
Paris.	litre	7 50	26
Idem.	1/2 litre.	4 »	26
Province	litre.	6 50	25
Idem.	1/2 litre.	3 50	25
Elixir de Garus :			
Paris.	.....	.....	24
Province	.....	.....	23
Elixir de Gendrin	.....	.....	28
Elixir de longue vie (teinture d'aloès composée)	.....	.....	20
Elixir parégorique (teinture d'opium camphrée)	.....	.....	32
Elixir de pepsine (Codex)	.....	.....	27
Elixir de Peirilhe (teinture de gentiane alcaline)	.....	.....	20
Elixir de Stoughton (teinture d'absinthe composée)	.....	.....	22
Elixir de terpine	.....	.....	22
Emétique (tartrate de potasse et d'antimoine) pulvérisé	.....	.....	34
Emplâtre Canet (onguent Canet)	.....	.....	19

PRODUITS	NOMBRE ou QUANTITÉ	PRIX	NUMÉRO de référence au barème
Emplâtre de ciguë.	. . . . .	. . . .	19
Emplâtre diachylum	. . . .	. . . .	19
Emplâtre diapalme	. . . .	. . . .	19
Emplâtre du pauvre-homme.	rouleau.	0 75	19
Emplâtre de savon	. . . .	. . . .	19
Emplâtre de Vigo	. . . . .	. .	22
Emplâtres étendus sur peau ou sur sparadrap. (Voir le tarif des manipulations).			
Emulsion d'huile de foie de morue	litre.	4 20	18
Idem.	1/2 litre.	2 50	18
Emulsion simple du Codex (lait d'amandes)	litre.	1 25	8
Idem.	1/2 litre.	0 70	8
Encens en larmes (oliban)	. . . .	. . .	12
Encens en larmes (oliban) pulvérisé	. . . .	. . .	19
Eponge préparée à la cire ou à la ficelle . .	. . . .	. . .	37
Ergot de seigle pulvérisé.	. . . .	. . . .	37
Ergotine	. . . . .	. . . .	44
Ergotinine	1 centigr.	0 70	
Idem.	5 milligr.	0 40	
Erysimum, feuilles mondées	. . . .	. . . .	8
Erythrol	. . .	. . .	49
Esérine et ses sels (variable)	1 centigr.	0 35	
Idem.	10 centigr.	1 75	
Espèces amères	. . . . .	. . . .	10
Espèces antilaiteuses.	. . . .	. . . .	16
Espèces aromatiques.	. . . .	. . . .	10
Espèces diurétiques (cinq racines).	. . . .	. . .	10
Espèces émollientes	. . . .	. .	10
Espèces narcotiques	. . . .	. . . .	11
Espèces pectorales (fleurs pectorales)	. . . .	. . . .	16
Espèces sudorifiques.	. . . .	. . . .	11
Espèces vulnéraires (thé suisse)	. . . .	. . . .	11
Esprit de Mindererus (acétate d'ammoniaque liquide)	. . . .	. . . .	17
Esprits (Voir Alcoolats).			
Essences (Voir Huiles volatiles).			
Ether acétique	. . . .	. . . .	30
Ether amylnitreux (nitrite d'amyle)	. . . .	. . .	39
Ether bromhydrique (bromure d'éthyle). . .	. . . .	. . . .	40
Ether chlorhydrique chloré	. . . .	. . . .	42
Ether iodhydrique (iodure d'éthyle). . . .	. . . .	. . . .	43
Ether nitrique	. . . .	. . . .	30
Ether de pétrole.	. . . .	. .	19
Ether sulfurique (éther simple) rectifié . .	. . .	. . .	22
Ether sulférique alcoolisé (liqueur d'Hoffmann)	. . . . .	. . .	24
Ethérolés (Teintures éthérées) [Voir aux teintures].			

PRODUITS	NOMBRE ou QUANTITÉ	PRIX	NUMÉRO de référence au barème
Eucaïne A ou B (chlorhydrate)	5 centigr	0 20	60
Eucalyptol			36
Eucalyptus globulus, feuilles			12
Eucalyptus globulus, pulvérisé			22
Euphorine			48
Euquinine			54
Evonymine			49
Exalgine (méthylacétanilide			46
Extrait d'absinthe			33
Extrait d'aconit			35
Extrait d'aloès			33
Extrait d'arenaria rubra			37
Extrait d'armoise			33
Extrait de belladone			35
Extrait de cachou			33
Extrait de caïnça			49
Extrait de cannabis indica			44
Extrait de cantharides			49
Extrait de capsicum			35
Extrait de cascara sagrada			42
Extrait de centaurée			33
Extrait de chanvre indien			44
Extrait de chicorée			33
Extrait de ciguë (grande)			35
Extrait de coca			44
Extrait de colchique (bulbes ou semences)			41
Extrait de colombo			40
Extrait de coloquinte			45
Extrait de convallaria maïalis (muguet)			42
Extrait de cubèbes (éthéré) [variable]			47
Extrait de datura stramonium			35
Extrait de digitale			35
Extrait de douce-amère			33
Extrait éthéré de cubèbes			47
Extrait de fiel de bœuf			36
Extrait de fougère mâle (huile éthérée)			44
Extrait de fumeterre			33
Extrait de gayac			36
Extrait de genièvre (rob de genièvre)			22
Extrait de gentiane			33
Extrait d'hamamelis			42
Extrait de houblon			37
Extrait d'hydrastis canadensis			47
Extrait d'ipécacuanha			50
Extrait de jusquiame			35
Extrait de kola			42
Extrait de lactucarium			49
Extrait de laitue (thridace)			32

PRODUITS	NOMBRE ou QUANTITÉ	PRIX	NUMÉRO de référence au barème
Extrait de matico	.....	.....	41
Extrait de ményanthe (trèfle d'eau)	.....	.....	33
Extrait de monésia	.....	.....	42
Extrait de muguet (convallaria maïalis)	.....	.....	42
Extrait de noix vomique	.....	.....	44
Extrait de noyer (feuilles)	.....	.....	33
Extrait d'opium (ou thébaïque) [variable]	.....	.....	46
Extrait de pavots blancs	.....	.....	35
Extrait de pissenlit (taraxacum)	.....	.....	33
Extrait de polygala	.....	.....	44
Extrait de quassia amara	.....	.....	46
Extrait de quinquina gris mou	.....	.....	37
Extrait de quinquina gris sec	.....	.....	42
Extrait de quinquina jaune	.....	.....	44
Extrait de quinquina rouge	.....	.....	48
Extrait de ratanhia	.....	.....	41
Extrait de réglisse	.....	.....	33
Extrait de rhubarbe	.....	.....	41
Extrait de salsepareille	.....	.....	40
Extrait de saturne (sous-acétate de plomb liq.)	.....	.....	9
Extrait de scille	.....	.....	36
Extrait de seigle ergoté	.....	.....	44
Extrait de stigmates de maïs	.....	.....	39
Extrait de stramonium (datura)	.....	.....	35
Extrait de strophantus	5 centigr.	0 20	
Idem	10 centigr.	0 35	
Extrait de sureau (rob de sureau)	.....	.....	28
Extrait de taraxacum (pissenlit)	.....	.....	33
Extrait thébaïque (ou d'opium [variable]	.....	.....	46
Extrait de trèfle d'eau (ményanthe)	.....	.....	33
Extrait de valériane	.....	.....	33
Extraits fluides américains (représentant leur poids de substance) :			
Extrait fluide de cascara sagrada	.....	.....	33
Extrait fluide de coca	.....	.....	32
Extrait fluide de gentiane	.....	.....	28
Extrait fluide de grindelia robusta	.....	.....	34
Extrait fluide d'hamamelis	.....	.....	33
Extrait fluide d'hydrastis canadensis	.....	.....	35
Extrait fluide de kola	.....	.....	32
Extrait fluide de quinquina pour 1 litre de vin	dose	0 75	30
Extrait fluide de viburnum	.....	.....	34
F			
Farine de lin	.....	.....	4
Farine de moutarde	.....	.....	7
Farine de riz	.....	.....	7

PRODUITS	NOMBRE ou QUANTITÉ	PRIX	NUMÉRO de référence au barème
Fécule de pommes de terre	. . . .	. . . . .	5
Fenouil, racine	. . . .	. . . . .	8
Fenouil, semences	. . . .	. . . . .	10
Fer dialysé	. . . .	. . . . .	32
Fer porphyrisé	. . . .	. . . . .	24
Fer réduit par l'hydrogène	. . . .	. . . . .	36
Ferropyrine	. . . .	. . . . .	49
Fève de Saint-Ignace pulvérisée	. . . .	. . . . .	36
Figues violettes	. . . .	. . . . .	8
Fleurs pectorales (espèces pectorales)	. . . .	. . . . .	16
Follicules de séné	. . . .	. . . . .	19
Follicules de séné pulvérisé	. . . .	. . . . .	24
Follicules de séné pulvérisé et lavé à l'alcool	. . . .	. . . . .	32
Formaldéhyde (formol, solution à 40 °/₀)	. . . .	. . . . .	20
Fomiate de chaux ou de soude	. . . .	. . . . .	34
Fougère mâle, racine	. . . .	. . . . .	8
Fougère mâle, racine pulvérisée	. . . .	. . . . .	17
Fraisier, racine	. . . .	. . . . .	8
Frêne, feuilles mondées	. . . .	. . . . .	8
Fruits pectoraux (quatre fruits)	. . . .	. . . . .	10
Fucus crispus (carragahen, mousse perlée)	. . . .	. . . . .	12
Fucus vesiculosus	. . . .	. . . . .	12
Fumeterre, plante mondée	. . . .	. . . . .	9
G			
Gaïac (Voir Gayac).			
Gaïacol cristallisé	. . . .	. . . . .	42
Gallanol	. . . .	. . . . .	48
Gallate basique de bismuth (dermatol)	. . . .	. . . . .	39
Galle (noix de) pulvérisée	. . . .	. . . . .	17
Gargarismes (adoucissant, aluné, boraté, détersif et au chlorate de potasse) (Codex)	. . . .	. . . . .	11
Garou (sain-bois), écorce	paquet.	0 10	
Gayac râpé et tamisé	. . . .	. . . . .	8
Gayac pulvérisé	. . . .	. . . . .	11
Gayac (résine de) pulvérisée	. . . .	. . . . .	22
Gaze chiffon (taffetas chiffon)	le mètre.	4 20	
Idem	0^m50.	2 50	
Idem	0^m25.	1 40	
Idem	100 c. q.	0 30	
Gélatine grossièrement pulvérisée pour bains	. . . .	. . . . .	11
Gélatine blanche	. . . .	. . . . .	28
Genêt, fleurs	. . . .	. . . . .	15
Genièvres, baies	. . . .	. . . . .	6
Gentiane, racine	. . . .	. . . . .	8
Gentiane, racine pulvérisée	. . . .	. . . . .	11
Germandrée (petit-chêne), feuilles	. . . .	. . . . .	9

PRODUITS	NOMBRE ou QUANTITÉ	PRIX	NUMÉRO de référence au barème
Gingembre gris pulvérisé	....	..	19
Glycérine blanche à 28°	litre.	2 60	12
Idem.	1/2 litre.	1 40	12
Glycérine blanche à 30°	litre.	3 50	13
Idem.	1/2 litre.	2 »	13
Glycérolé d'amidon	.....	.....	22
Glycérophosphate de chaux	.....	.....	36
Glycérophosphate de chaux granulé (sucré)	.....	.....	24
Glycérophosphate de potasse ou de soude à 50 °/o	.....	.....	36
Glycérophosphate de potasse ou de soude sec	.....	.....	43
Glycérophosphate de fer, de lithine ou de magnésie	.....	.....	42
Glycochloral (chloralose)	.....	.....	54
Goménol	1 gr.	0 10	37
Idem.	10 gr.	0 75	37
Gomme adragante pulvérisée	.....	.....	34
Gomme ammoniaque pulvérisée	.....	.....	27
Gomme arabique (variable)	.....	.....	13
Gomme arabique cassée et lavée (variable)	.....	.....	17
Gomme arabique pulvérisée (variable)	.....	.....	19
Gomme-gutte pulvérisée	.....	.....	32
Gomme-résine ammoniaque pulvérisée	.....	.....	27
Goudron de Norvège	.....	.....	6
Gouttes amères de Baumé	.....	.....	37
Gouttes blanches de Gallard	.....	.....	38
Gouttes noires anglaises (gouttes des Quakers) [variables]	.....	.....	42
Graine de lin mondée	.....	.....	5
Graine de lin triée à la main	.....	.....	8
Graisse (axonge) benzinée ou populinée	.....	.....	13
Grande consoude, racine coupée	.....	.....	8
Granule d'acide arsénieux (ou de dioscoride), d'arséniate d'antimoine, de fer ou de soude, à 1 milligramme	les 10.	0 20	
Idem.	les 20.	0 35	
Idem.	les 50.	0 80	
Idem.	les 100.	1 40	
Granules d'aconitine, d'atropine, de digitaline, de valérianate d'atropine, de vératrine ou de tout autre alcaloïde, à 1 milligramme ou à une dose moindre	les 10.	0 35	
Idem.	les 20.	0 55	
Idem.	les 50.	1 25	
Idem.	les 100.	2 »	
Grenade (écorce de)	.....	.....	11
Grenadier (écorce de racine de) sèche	.....	.....	15
Grenadier (écorce de racine de) pulvérisée	.....	.....	22

PRODUITS	NOMBRE ou QUANTITÉ	PRIX	NUMÉRO de référence au barème
Gruau			6
Guarana (paullinia) (pulvérisé)			35
Guimauve, fleurs			15
Guimauve, racine coupée			9
Guimauve, racine pulvérisée			13
Gutta-percha laminée	le mètre.	2 »	
Idem	0^{m}50.	1 40	
Idem	0^{m}25.	0 90	
Idem	100 c. q.	0 10	
H			
Hamaméline			57
Hélénine			54
Hémoglobine			36
Hermophényl			44
Héroïne (chlorhydrate)	5 centigr.	0 20	59
Hétol (cinnamate de soude)			45
Hippurate de chaux			48
Houblon, cônes			15
Huile d'amandes douces (variable)			19
Huile de belladone et autres par digestion			15
Huile blanche			12
Huile de cade vraie			16
Huile de camomille			15
Huile de camomille camphrée			15
Huile camphrée			15
Huile chloroformée (liniment au chloroforme)			23
Huile de croton tiglium			42
Huile éthérée de fougère mâle			45
Huile de foie de morue blonde ou brune	litre.	2 80	14
Idem	1/2 litre.	1 50	14
Huile de foie de morue ambrée	litre.	3 »	15
Idem	1/2 litre.	1 60	15
Huile de foie de morue blanche	litre.	3 50	17
Idem	1/2 litre.	1 90	17
Huile de foie de morue créosotée	litre.	3 50	17
Idem	1/2 litre.	1 90	17
Huile de foie de morue émulsionnée aux hypophosphites	litre.	4 20	18
Idem	1/2 litre.	2 50	18
Huile de jusquiame			15
Huile de laurier			15
Huile d'olive			13
Huile phéniquée au centième			19
Huile phosphorée			28
Huile de ricin ou de palmachristi			15

PRODUITS	NOMBRE ou QUANTITÉ	PRIX	NUMÉRO de référence au barème
Huile de vaseline (vaseline liquide médicinale)	.....	.....	24
Huile volatile d'absinthe	....	.....	39
Huile volatile d'amandes amères	.....	.....	42
Huile volatile d'anis	.....	.....	37
Huile volatile de badiane (anis étoilé)	.....	.....	37
Huile volatile de bergamote	.....	.....	37
Huile volatile de cajeput	.....	.....	37
Huile volatile de cannelle de Ceylan	.....	.....	47
Huile volatile de citron (par expression)	.....	.....	34
Huile volatile d'eucalyptus	.....	.....	35
Huile volatile de fenouil	.....	.....	34
Huile volatile de genièvre	.....	.....	34
Huile volatile de girofle	.....	.....	37
Huile volatile de lavande fine	.....	.....	34
Huile volatile de menthe poivrée (anglaise)	.....	.....	42
Huile volatile de moutarde	.....	.....	48
Huile volatile d'orange ou de Portugal	.....	.....	34
Huile volatile de romarin	.....	.....	30
Huile volatile de rue	.....	.....	37
Huile volatile de sabine	.....	.....	37
Huile volatile de santal	.....	.....	42
Huile volatile de térébenthine rectifiée	.....	.....	13
Huile volatile de thym	.....	.....	30
Huile volatile de wintergreen vraie	....	.....	42
Huile volatile de wintergreen artificielle (salicylate de méthyle)	.....	.....	33
Hydrastine	.....	.....	62
Hydrastinine	5 centigr.	0 90	
Idem	10 centigr.	1 40	
Hydrate de chloral (chloral hydraté)	....	....	32
Hydriodates. (Voir Iodures) [variables].			
Hydrochlorates. (Voir Chlorures).			
Hydrochlorate d'ammoniaque (sel ammoniac) blanc pulvérisé	....	....	18
Hydrochlorate de morphine	5 centigr.	0 10	56
Hydrocyanates, hydro-ferrocyanates. (Voir cyanures).			
Hydrolats. (Voir eaux distillées).			
Hydrosulfates. (Voir sulfures).			
Hypericum (millepertuis), sommités	.....	.....	9
Hypnal (chloral-antipyrine)	.....	.....	42
Hypnopyrine	.....	.....	51
Hypochlorites. (Voir chlorures)	.....	.....	37
Hypophosphite d'ammoniaque, de chaux, de magnésie, de soude	.....	.....	37
Hypophosphite de quinine	.....	.....	52
Hyposulfite de soude	.....	.....	13
Hysope, feuilles mondées	.....	.....	9

PRODUITS	NOMBRE ou QUANTITÉ	PRIX	NUMÉRO de référence au barème
I			
Ichthyol	.....	....	38
Iode (variable)	....	....	38
Iodhydrates (Voir iodures) [variables]			
Iodochlorure de mercure (sel de Boutigny)	.....	.....	42
Iodoforme	.....	...	42
Iodol	....	...	46
Iodothymol (aristol, thymol bi-iodé)	.....	.....	42
Iodures (variables).			
Iodure d'amidon	....	....	40
Iodure d'ammonium	.....	.....	41
Iodure de calcium	.....	.....	41
Iodure d'éthyle (éther iodhydrique)	...	....	43
Iodure (Proto-) de fer	.....	.....	39
Iodure (Proto-) de fer et de manganèse	.....	.....	42
Iodure (Proto-) de mercure	.....	.....	41
Iodure (Bi-) de mercure	.....	.....	41
Iodure de plomb	.....	.....	39
Iodure de potassium	.....	.....	37
Iodure de sodium	.....	.....	39
Iodure de soufre	.....	.....	41
Iodure de strontium	.....	.....	41
Ipécacuanha, racine pulvérisée	.....	.....	39
Iris de Florence, racine	.....	.....	10
Iris de Florence (racine pulv.)	.....	.....	14
J			
Jaborandi concassé	.....	.....	30
Jalap, racine pulvérisée	.....	.....	32
Jujubes	.....	.....	11
Julep gommeux (potion gommeuse)	la dose.	0 40	11
Julep simple	la dose.	0 35	10
Julep béchique (potion béchique ou pectorale)	la dose.	0 50	13
Jusquiame, feuilles mondées	.....	.....	12
Jusquiame, feuilles mondées pulv.	.....	.....	19
K			
Kermès minéral	5 centigr.	0 05	42
Kola pulvérisé	.....	.....	30
Kola granulé	.....	.....	26
Kousso, fleurs pulvérisées	.....	.....	36
L			
Lactate de fer	.....	.....	29
Lactate de magnésie	.....	.....	36

PRODUITS	NOMBRE ou QUANTITÉ	PRIX	NUMÉRO de référence au barème
Lactate de quinine	. . . . .	. . . . .	48
Lactate de soude	. . . . .	. . . . .	36
Lactate de strontiane	. . . . .	. . . . .	36
Lactate de zinc	. . . . .	. . . . .	36
Lactine (sucre de lait) (pulv.)	. . . . .	. . . . .	17
Lactophénine (phénolactine)	. . . . .	. . . . .	48
Lactophosphate de chaux	. . . . .	. . . . .	33
Lactose (sucre de lait) pulvérisé	. . . . .	. . . . .	17
Lactucarium	. . . . .	. . . . .	42
Lait d'amandes édulcoré (émulsion simple)	litre.	1 30	8
Idem	1/2 litre.	0 75	8
Lanoline	. . . . .	. . . . .	28
Lanoline hydrargyrique	. . . . .	. . . . .	34
Laudanum de Rousseau (variable)	. . . . .	. . . . .	35
Laudanum de Sydenham (variable)	. . . . .	. . . . .	35
Lavande, fleurs	. . . . .	. . . . .	12
Lavement purgatif (Codex)	la dose.	0 50	
Lécithine	. . . . .	. . . . .	56
Lécithine granulée	. . . . .	. . . . .	33
Levure de bière sèche	. . . . .	. . . . .	30
Lichen d'Islande	. . . . .	. . . . .	8
Lierre terrestre, feuilles mondées	. . . . .	. . . . .	9
Limaille de fer porphyrisée	. . . . .	. . . . .	24
Limonade azotique (nitrique), chlorhydrique, citrique, sulfurique, tartrique et autres analogues	litre.	0 70	
Idem	1/2 litre.	0 40	
Limonade purgative au citrate de magnésie à 60 grammes et au-dessous	litre.	0 90	
Au-dessus de 60 grammes, ajouter à 0 fr. 90 la somme de 0 fr. 20 par chaque 10 grammes ou fraction de 10 grammes			
Lin (Graine de) mondée	. . . . .	. . . . .	5
Lin (Graine de) triée à la main	. . . . .	. . . . .	8
Linge fenêtré	. . . . .	. . . . .	26
Liniment ammoniacal ou volatil (Codex)	. . . . .	. . . . .	17
Liniment ammoniacal ou volatil camphré (Codex)	. . . . .	. . . . .	17
Liniment au chloroforme (Codex)	. . . . .	. . . . .	23
Liniment narcotique	. . . . .	. . . . .	26
Liniment oléo-calcaire	. . . . .	. . . . .	15
Liniment de Rosen	. . . . .	. . . . .	29
Liniment térébenthiné	. . . . .	. . . . .	15
Liqueur arsenicale de Boudin	. . . . .	. . . . .	15
Liqueur arsenicale de Fowler	. . . . .	. . . . .	29
Liqueur arsenicale de Pearson	. . . . .	. . . . .	27
Liqueur de Fehling	. . . . .	. . . . .	30
Liqueur de goudron concentrée	. . . . .	. . . . .	12

PRODUITS	NOMBRE ou QUANTITÉ	PRIX	NUMÉRO de référence au barème
Liqueur d'Hoffmann (éther sulfurique alcoolisé)			24
Liqueur de Labarraque (hypochlorite ou chlorure de soude)	litre.	1 »	7
Idem.	1/2 litre.	0 55	7
Liqueur de Van Swiéten	litre.	1 10	8
Idem.	1/2 litre.	0 60	8
Liqueur de Villatte			14
Litharge (oxyde de plomb)			11
Looch blanc	1 looch.	0 70	17
Idem.	1/2 looch.	0 60	17
Looch gommeux ou huileux	la dose.	0 70	15
Lupuline			33
Lycéthol (tartrate de diméthylpipérazine)			56
Lycopode			30
M			
Magistère de bismuth (sous-nitrate de bismuth) [variable]			35
Magistère de soufre (soufre précipité)			19
Magnésie calcinée	1/2 flacon	0 50	26
Magnésie hydratée			26
Maltine (diastase)			47
Manganate (Per) de potasse			27
Manne en larmes (variable)			24
Manne en sortes (variable)			17
Mannite			33
Matico, feuilles			23
Matico, feuilles, pulv.			27
Mauves, feuilles			9
Mauves, fleurs (variables)			16
Médecine noire (potion purgative du Codex)	la dose.	0 90	
Mélilot, sommités fleuries			12
Mélisse, feuilles mondées			12
Mellite simple (sirop de miel)			10
Mellite de mercuriale (miel mercurial)			13
Mellite de roses rouges (miel rosat)			17
Mellite de scille (miel scillitique)			16
Menthe poivrée, feuilles mondées			15
Menthol			40
Ményanthe (trèfle d'eau), feuilles			12
Mercuriale, feuilles			9
Mésotane			44
Méthylacétanilide (exalgine)			46
Méthylarsinate de soude			46
Méthylarsinate de fer ou autres			49
Microcidine (naphtolate de soude)			34

PRODUITS	NOMBRE ou QUANTITÉ	PRIX	NUMÉRO de référence au barème
Miel blanc du Gâtinais.	. . . .	. . . . .	9
Miel commun ou de Bretagne	. . . . .	. . . . .	7
Miel mercurial (mellite de mercuriale) . . .	. . . . .	. . . . .	13
Miel rosat (mellite de roses rouges)	. . . . .	. . . . .	17
Miel scillitique (mellite de scille)	. . . . .	. . . . .	16
Millefeuille, sommités fleuries	. . . . .	. . . . .	12
Millepertuis (hypericum), sommités.	. . . . .	. . . . .	9
Minium (oxyde de plomb)	. . . . .	. . . . .	11
Moelle de bœuf préparée.	. . . . .	. . . . .	22
Molène (bouillon blanc), feuilles	. . . .	. . . . .	9
Molène (bouillon blanc), fleurs.	. . . . .	. . . . .	18
Morelle, feuilles mondées	. . . . .	. . . . .	12
Morphine et ses sels	5 centigr.	0 10	56
Mouche de Milan	la pièce.	0 15	
Mouche d'opium (Voir Emplâtres au tarif des manipulations).			
Mousse de Corse (helminthocorton).	. . . . .	. . . .	9
Mousse perlée (carragahen, fucus crispus).	. . . . .	. . . . .	12
Moutarde blanche, semences mondées. .	. . . .	. . . .	8
Moutarde ou sinapismes en feuilles . . .	la feuille.	0 10	
Idem.	les 10.	0 90	
Mucilage de gommes, de semences de lin ou de coing ou de psyllium.	. . . . .	. . . . .	17
Musc (variable)	5 centigr.	0 50	67
Muscades (noix).	. . . . .	. . . . .	32
Myrrhe pulvérisée.	. . .	. . . . .	22
Myrte, feuilles	. . . .	. . . . .	12

N

PRODUITS	NOMBRE ou QUANTITÉ	PRIX	NUMÉRO de référence au barème
Naphtalan	. . . .	. . . . .	40
Naphtaline	. . . .	. . . . .	22
Naphtol-alpha.	. . . .	. . . . .	33
Naphtol-bêta	. . . .	. . . . .	33
Naphtol camphré	. . . .	. . . . .	33
Naphtolate de soude (microcidine)	. . . .	. . . . .	34
Narcéine	5 centigr.	0 35	64
Nicotiane (tabac), feuilles mondées	. . . .	. . . . .	12
Nitrate (azotate) d'aconitine	1 milligr.	0 15	
Idem.	1 centigr.	0 30	
Idem.	10 centigr	1 25	
Nitrate (azotate) d'argent cristallisé ou fondu	. . .	. . . . .	45
Nitrate (azotate) [Sous-] de bismuth (variable)	. . . .	. . . . .	35
Nitrate (azotate) [Sous-deuto-] de mercure (turbith nitreux)	. . . . .	. . . . .	32
Nitrate (azotate) [Deuto-] de mercure liquide concentré (nitrate acide de mercure) . . .	. . . . .	. . . . .	26
Nitrate (azotate) de pilocarpine (variable) . .	1 centigr.	0 20	65

PRODUITS	NOMBRE ou QUANTITÉ	PRIX	NUMÉRO de référence au barème
Nitrate (azotate) de pilocarpine (variable) .	5 centigr.	0 40	65
Nitrate (azotate) de potasse (sel de nitre) pulvérisé	. . . .	. . . .	9
Nitrite d'amyle (éther amylnitreux). . . .	. . . . .	. . . . .	39
Nitroglycérine (trinitrine), en solution au 100e	. . . .	. . . .	42
Noix de galle pulvérisée	. . . . .	. . . . .	17
Noix de kola pulvérisée	. . . . .	. . . . .	30
Noix vomique pulvérisée.	. . . . .	. . . . .	35
Noyer, feuilles mondées	. . . . .	. . . . .	8
O			
Œuf.	la pièce.	0 10	
Œillère	la pièce.	0 30	
Oliban (encens) en larmes	. . . . .	. . . .	12
Oliban (encens) pulvérisé	. . . . .	. . . . .	19
Onguent d'Althæa	. . .	. . . . .	15
Onguent basilicum ou suppuratif.	. . . . .	. . . . .	12
Onguent Canet (emplâtre Canet).	. . . . .	. . . . .	19
Onguent citrin (pommade citrine)	. . . . .	. . . . .	19
Onguent digestif simple ou animé . . .	. . . . .	. . . . .	24
Onguent de laurier	. . . . .	. . . . .	15
Onguent mercuriel double (onguent napolitain) [variable]	. . . . .	. . . . .	23
Onguent mercuriel simple (onguent gris) . .	. . . . .	. . . . .	14
Onguent mercuriel belladoné à 4 p. 30 . . .	. . . . .	. . . . .	30
Onguent de la mère.	. . . . .	. . . . .	16
Onguent populeum	. . . . .	. . . . .	15
Onguent styrax.	. . . . .	. . . . .	15
Opiat antiblennorrhagique (élect. de copahu du Codex)	. . . . .	. . . . .	30
Opium pulvérisé (variable).	. . . . .	. . . . .	41
Oranges amères, écorces	. . . . .	. . . . .	13
Oranger, feuilles	. . . . .	. . . .	15
Oranger, fleurs	. . . . .	. . . .	24
Orge mondé ou perlé	. . . . .	. . . .	5
Orthoforme.	. . . . .	. . . . .	48
Ortie blanche, fleur mondée (variable) . . .	. . . .	. . . .	28
Ouate en petites feuilles	la feuille.	0 10	
Idem.	1 mètre.	0 50	
Idem.	$0^m,50$	0 30	
Ouate iodée.	. . . .	. . . . .	35
Ovules (simples)	1 ovule.	0 30	
Idem.	6 ovules.	1 50	
Idem.	12 ovules.	2 50	
Ovules composés (ajouter aux prix ci-dessus celui de la ou des substances prescrites et			

PRODUITS	NOMBRE ou QUANTITÉ	PRIX	NUMÉRO de référence au barème
augmenter de dix centimes pour manipulation),			
Oxalate de fer.	. . . .	. . . .	32
Oxyde de bismuth (sous-nitrate de bismuth) [variable].	. . . .	. . . .	35
Oxyde blanc d'antimoine (antimoine diaphorétique)	. . . .	. . . . .	24
Oxyde de cuivre (noir)	. . . .	. . . .	24
Oxyde (Sesqui-) de fer (s.-carbonate de fer, safran de mars apéritif)	. . . .	. . . . .	17
Oxyde (Sesqui-) de fer gélatineux.	. . . .	. . . .	24
Oxyde de magnésium (magnésie calcinée) . .	1/2 flacon.	0 50	26
Oxyde de magnésium (peroxyde).	. . . . .	. . . . .	40
Oxyde (Bi-) (de manganèse pur) . . .	. . . . .	. . . . .	32
Oxyde de mercure (précipité rouge ou jaune)	. . .	. . . .	34
Oxyde de plomb (litharge ou minium) . . .	. . . . .	. . . . .	11
Oxyde de zinc sublimé (fleurs de zinc) . .	. . . .	. . . . .	24
Oxyde de zinc (peroxyde [ectogan]	. . .	. . . . .	44
Oxygène (en ballon) [location par jour 40 cent.]	10 litres.	0 70	
Idem.	30 litres.	1 75	
Oxymel simple	. . . . .	. . .	11
Oxymel scillitique.	. . . .	. . . . .	15

P

PRODUITS	NOMBRE ou QUANTITÉ	PRIX	NUMÉRO de référence au barème
Pains azymes ou à chanter	les 4.	0 05	
Idem.	les 12.	0 10	
Idem.	les 25.	0 20	
Pancréatine pure du Codex.	. . . . .	. . . . .	45
Pansement de Lister ou antiseptique. (Voir à la fin du tarif).			
Papaïne pure	. . . . .	. . . . .	49
Papier brouillard	4 feuilles.	0 05	
Papier à cautères	la boite.	0 35	
Papier chimique	rouleau.	1 »	
Idem.	1/2 roul.	0 50	
Papier compresses.	les 100.	0 70	
Papier épispastique ou à vésicatoires	la boite.	0 50	
Papier nitré.	déc. car.	0 15	
Paquets de sublimé coloré (formule de l'Académie)	1 paquet.	0 10	
Idem.	5 paquets.	0 40	
Idem.	10 paq.	0 70	
Paraldéhyde	. . . . .	. . . . .	37
Pariétaire, feuilles mondées.	. . . . .	. . . . .	9
Pas-d'âne (tussilage), fleurs.	. . . . .	. . . . .	15
Pastilles de baume de tolu	. . . . .	. . .	14

PRODUITS	NOMBRE ou QUANTITÉ	PRIX	NUMÉRO de référence au barème
Pastilles de bicarbonate de soude (ou de Vichy)	. . . . .	. . . . .	14
Pastilles de bismuth (Sous-nitrate de)	. . . . .	. . . . .	22
Pastilles de borate de soude	. . . . .	. . . . .	14
Pastilles de borate et cocaïne	. . . . .	. . . . .	22
Pastilles de calomel	les 4.	0 05	
Pastilles de charbon	. . . . .	. . . . .	14
Pastilles de chlorate de potasse	. . . . .	. . . . .	14
Pastilles de chlorate de potasse et cocaïne	. . . . .	. . . . .	22
Pastilles de chlorate de potasses comprimées	. . . . .	. . . . .	22
Pastilles de cocaïne à 1 mill.	. . . . .	. . . . .	22
Pastilles ferrugineuses du Codex au tartrate de potasse et de fer ou au citrate de fer	. . . . .	. . . . .	22
Pastilles de gomme	. . . . .	. . . . .	14
Pastilles de guimauve	. . . . .	. . . . .	14
Pastilles d'ipécacuanha	. . . . .	. . . . .	14
Pastilles de kermès	. . . . .	. . . . .	14
Pastilles de magnésie	. . . . .	. . . . .	14
Pastilles de manne à la goutte	. . . . .	. . . . .	22
Pastilles de menthe à la goutte	. . . . .	. . . . .	14
Pastilles de menthe anglaise	. . . . .	. . . . .	22
Pastilles de phosphate de fer	. . . . .	. . . . .	22
Pastilles de rhubarbe	. . . . .	. . . . .	22
Pastilles de rhubarbe comprimées	. . . . .	. . . . .	31
Pastilles de saccharine à 0 gr. 025	. . . . .	. . . . .	42
Pastilles de santonine	les 6.	0 10	
Pastilles de santonine au chocolat	les 6.	0 15	
Pastilles de soufre	. . . . .	. . . . .	14
Pastilles de tolu	. . . . .	. . . . .	14
Pastilles de Vichy (ou de bicarbonate de soude)	. . . . .	. . . . .	14
Pâtes de guimauve, de jujubes, de lichen et de réglisse	. . . . .	. . . . .	14
Pâte de Canquoin (caustique de Canquoin)	. . . . .	. . . . .	28
Patience, racine	. . . . .	. . . . .	8
Paullinia (guarana) pulvérisée	. . . . .	. . . . .	35
Pavots moyens	la pièce.	0 10	
Pêcher, fleurs	. . . . .	. . . . .	15
Pelletiérine (sulfate) dose de	30 centigr.	2 80	
Pensée sauvage, plante mondée	. . . . .	. . . . .	9
Pensée sauvage, fleurs	. . . . .	. . . . .	15
Pépins de coings (semences de coings)	. . . . .	. . . . .	26
Pepsine amylacée	. . . . .	. . . . .	37
Pepsine extractive	. . . . .	. . . . .	41
Peptonate de fer sec	. . . . .	. . . . .	37
Peptone liquide	. . . . .	. . . . .	31
Peptone sèche	. . . . .	. . . . .	37
Perchlorure de fer liquide à 30°	. . . . .	. . . . .	24
Perles (Voir Capsules).			

PRODUITS	NOMBRE ou QUANTITÉ	PRIX	NUMÉRO de référence au barème
Permanganate de potasse			27
Peroxydes (Voir Oxydes).			
Persulfate de soude			40
Pervenche, feuilles mondées			9
Pessaires en gomme, ronds ou ovales ou Dumontpallier	la pièce.	0 90	
Petit-chêne (germandrée), feuilles mondées			9
Petit-houx (fragon), racine			8
Petit-lait	1/2 litre.	0 70	
Petit-lait de Weiss	1/2 litre.	1 »	10
Phellandrie (ciguë aquatique), semence			19
Phellandrie (ciguë aquatique), pulvérisée			27
Phénacétine (acétphénétidine, phénédine)			37
Phénate de soude (phénol sodique)			11
Phénédine (phénacétine)			37
Phénocolle (chlorhydrate)			51
Phénol (acide phénique) cristallisé			17
Phénol (acide phénique) neige ou chimiquement pur			29
Phénol liquide ordinaire			7
Phénolactine (lactophénine)			48
Phénosalyl			34
Phosphate de chaux tribasique préparé			19
Phosphate de chaux bibasique			24
Phosphate de chaux acide ou monobasique			24
Phosphate de chaux en solution à 25 °/₀₀ (formule de la Société de pharmacie de Paris)	litre.	2 25	12
Idem	1/2 litre.	1 25	12
Phosphate de fer			32
Phosphate de gaïacol			49
Phosphate de potasse			30
Phosphate de soude			19
Phosphoglycérate de chaux			36
Phosphoglycérate granulé (sucré)			24
Phosphoglycérate de potasse ou de soude à 50 °/₀			36
Phosphoglycérate de potasse ou de soude sec			43
Phosphoglycérate de fer, de lithine ou de magnésie			42
Phosphure de zinc			53
Picrotoxine			60
Pied-de-chat, fleurs			16
Pierre à cautères (potasse caustique) en plaque			24
Pierre à cautères en pastilles			32
Pierre divine			22
Pilocarpine (très variable)	1 centigr.	0 25	68
Pilocarpine (ses sels) [très variable]	1 centigr.	0 20	65
Idem	5 centigr.	0 40	65

PRODUITS	NOMBRE ou QUANTITÉ	PRIX	NUMÉRO de référence au barème
Pilules de Blaud de carbonate de fer (formule de Vallet)	les 10.	0 20	
Idem	les 20.	0 35	
Idem	les 50	0 85	
Idem	les 100.	1 40	
Pilules d'aloès	l'une.	0 05	
Idem	les 5.	0 15	
Idem	les 10.	0 25	
Idem	les 20.	0 40	
Pilules d'Anderson (écossaises), antecibum, de Bontius, de Dupuytren, de proto-iodure de fer, de proto-iodure de mercure, de Méglin, de Sédillot, d'opium, de Ricord et de térébenthine cuite	l'une.	0 05	
Idem	les 5.	0 20	
Idem	les 10.	0 35	
Idem	les 20.	0 50	
Idem	les 50.	1 »	
Idem	les 100.	1 75	
Pilules asiatiques, de Belloste, de cynoglosse et de sulfate de quinine à 10 centigr	l'une.	0 10	
Idem	les 5.	0 30	
Idem	les 10.	0 50	
Idem	les 20.	0 70	
Idem	les 50.	1 40	
Pinceaux de chèvre à teinture d'iode	la pièce.	0 10	
Pinceaux de blaireau pour la gorge	la pièce.	0 20	
Pinceaux de blaireau pour les yeux	la pièce.	0 10	
Pinceaux en charpie	la pièce.	0 10	
Pinceaux molletonnés	la pièce.	0 20	
Pipérazine	....	...	56
Plantes aromatiques (espèces aromatiques)	....	....	10
Plâtre à modeler	....	....	7
Podophyllin (podophylline)	...	....	45
Pois à cautères (d'iris ou d'orange), du n° 0 au n° 7	le cent.	0 35	
Pois à cautères (d'iris ou d'orange), du n° 8 au n° 12	le cent.	0 50	
Pois à cautères (d'iris ou d'orange), du n° 13 au n° 15	le cent.	1 »	
Pois à cautères (d'iris ou d'orange), du n° 16 au n° 18	le cent.	1 25	
Poivre de Cayenne (piment rouge) pulv.	....	....	27
Poivre cubèbe pulvérisé (variable)	....	....	28
Poix de Bourgogne purifiée	....	....	11
Polygala de Virginie (très variable)	....	....	27
Pommade d'Autenrieth (ou stibiée)	....	....	27
Pommade belladonée	....	....	27

PRODUITS	NOMBRE ou QUANTITÉ	PRIX	NUMÉRO de référence au barème
Pommade au calomel	.....	.....	27
Pommade camphrée	.....	....	16
Pommade au chloroforme	.....	.....	28
Pommade citrine (onguent citrin)	.....	.....	19
Pommade aux concombres	....	.....	15
Pommade épispastique ou à vésicatoires, jaune ou verte	....	....	15
Pommade épispastique ou à vésicatoires, au garou	.....	....	23
Pommade de Gontret (ammoniacale)	.....	.....	27
Pommade au goudron	.....	....	16
Pommade d'Helmerich	.....	.....	16
Pommade d'iodure de potassium (variable)	.....	....	28
Pommade d'iodure de potassium iodurée (variable)	...	.....	28
Pommade d'iodure de mercure, de plomb, de soufre (variable)	....	.....	28
Pommade mercurielle double (onguent napolitain) [variable]	.....	.....	23
Pommade mercurielle simple (onguent gris)	.....	.....	14
Pommade mercurielle belladonée	...	.....	30
Pommade ophtalmique de Dessault, de Lyon, du Régent	.....	.....	35
Pommade à l'oxyde de zinc	.....	.....	22
Pommade rosat (cérat rosat)	.....	.....	22
Pommade soufrée	.....	....	16
Pommade stibiée d'Autenrieth	....	.....	27
Populeum, onguent	.....	...	15
Potasse caustique (pierre à cautères) en plaque	....	.....	24
Potasse caustique (pierre à cautères) en pastilles	....	....	32
Potion antispasmodique éthérée (Codex)	la potion.	0 50	13
Potion antispasmodique opiacée (Codex)	la potion.	0 50	13
Potion béchique ou pectorale (Codex)	la potion.	0 50	13
Potion calmante ou antispasmodique opiacée (Codex)	la potion.	0 50	13
Potion de Choppart (Codex)	la potion.	2 10	
Idem	la 1/2 pot	1 10	
Potion cordiale (Codex)	la potion.	0 90	19
Potion gommeuse (julep gommeux)	la potion.	0 40	11
Potion huileuse (looch huileux)	la potion.	0 70	15
Potion purgative (médecine noire)	la potion.	0 90	
Potion de Rivière (antivomitive), en 2 flacons	la potion.	0 90	19
Potion de Todd	la potion.	0 90	19
Poudre diurétique des voyageurs	.....	.....	19
Poudre de Dower	.....	.....	40
Poudre laxative	.....	.....	22
Poudre de réglisse composée	.....	.....	22

PRODUITS	NOMBRE ou QUANTITÉ	PRIX	NUMÉRO de référence au barème
Poudre de Vienne (caustique de Vienne). . .	. . . . .	. . . . .	35
Précipité blanc (protochlorure de mercure)	. . . . .	. . . .	35
Précipité rouge ou jaune (oxyde de mercure)	. . . . .	. . . . .	34
Protargol.	. . . .	. . . . .	49
Protoxydes (voir oxydes).			
Protochlorures (voir chlorures).			
Proto-iodures (voir iodures).			
Prussiates (voir cyanures).			
Psyllium, semences	. . . . .	. . . . .	16
Pulmonaire, feuilles mondées.	. . . . .	. . . .	10
Pulpe de casse	. . . . .	. . . . .	27
Pulpe de tamarin.	. . . . .	. . .	22
Pyramidon	. . . . .	. . . . .	52
Pyridine	. . . .	. . . .	33
Pyrophosphate de fer citro-ammoniacal en paillettes	. . . . .	. . . . .	33
Pyrophosphate de fer et de soude.	. . . . .	. . . . .	33
Q			
Quassia amara en copeaux	. . . . .	. . . . .	13
Quassia amara pulvérisé	. . . . .	. . . . .	19
Quassine amorphe.	. . . . .	. . . . .	54
Quassine cristallisée	. . . . .	. . . . .	64
Quatre-fruits (fruits pectoraux).	. . . . .	. . . . .	10
Queues de cerises (variables)	. . . . .	. . . . .	17
Quinine brute	. . . . .	. . . . .	48
Quinine pure	. . . . .	. . . . .	49
Quinium.	. . . . .	. . . . .	46
Quinquina gris entier ou concassé	. . . . .	. . . . .	22
Quinquina gris pulvérisé.	. . . . .	. . . . .	26
Quinquina jaune calisaya entier ou concassé.	. . . . .	. . . .	24
Quinquina jaune calisaya pulvérisé	. . . . .	. . . . .	29
Quinquina rouge entier ou concassé	. . . . .	. . . . .	35
Quinquina rouge pulvérisé.	. . . . .	. . . . .	36
R			
Raisins de Corinthe	. . . . .	. . . . .	12
Ratanhia, racine concassée	. . . . .	. . . . .	17
Ratanhia, racine pulvérisée	. . . . .	. . . . .	22
Réglisse sèche coupée	. . . . .	. . . . .	8
Réglisse pulvérisée	. . . . .	. . . .	10
Reine des prés (ulmaire), sommités	. . . . .	. . . . .	10
Résine de gayac.	. . . . .	. . . . .	22
Résine de jalap (brune ou blanche)	. . . . .	. . . . .	46
Résine de scammonée blanche ou purifiée .	. . . . .	. . . . .	46
Résorcine.	. . . . .	. . . . .	37

PRODUITS	NOMBRE ou QUANTITÉ	PRIX	NUMÉRO de référence au barème
Rétinol			47
Rhubarbe de Chine concassée			24
Rhubarbe de Chine pulvérisée			30
Rhum :			
Paris	litre.	4 25	19
Province	litre.	3 70	17
Riz mondé			5
Riz pulvérisé (farine de riz)			7
Rob de genièvre (extrait de genièvre)			22
Rob de sureau (extrait de sureau)			28
Romarin, feuilles mondées			10
Ronce, feuilles mondées			9
Roses de Provins (variables)			24
Roses de Provins pulvérisées			28
Rue, sommités			15
Rue, sommités pulvérisées			19
S			
Sabine, feuilles mondées			13
Sabine, feuilles mondées pulvérisées			19
Saccharine			49
Safran (variable)			42
Safran pulvérisé (variable)			47
Safran de mars apéritif (sesquioxyde de fer)			17
Sain-bois (garou), écorce	le paquet.	0 10	
Salep de Perse pulvérisé			30
Salicine			42
Salicylate d'amyle			39
Salicylate d'antipyrine			40
Salicylate de bismuth			36
Salicylate de lithine			36
Salicylate de magnésie			36
Salicylate de méthyle pur			33
Salicylate de naphtol (bétol, salinaphtol)			39
Salicylate de phénol (salol)			33
Salicylate de quinine			48
Salicylate de soude			32
Salinaphtol (bétol, salicylate de naphtol)			39
Salipyrine (salicylate d'antipyrine)			40
Salol (salicylate de phénol)			33
Salophène			47
Salsepareille fendue et coupée			16
Salsepareille pulvérisée			21
Sangsues	la pièce.	0 20	
Santonine			48
Saponaire, feuilles mondées			8

PRODUITS	NOMBRE ou QUANTITÉ	PRIX	NUMÉRO de référence au barème
Saponaire, racine			8
Sassafras en copeaux			10
Sauge, feuilles mondées			9
Savon animal et médicinal			19
Savon à l'acide borique, à l'acide phénique, au borate de soude, au goudron, sulfureux	le savon.	0 70	
Savon à l'huile de cade, à l'ichthyol et autres que ceux ci-dessus désignés	le savon.	0 90	
Scammonée d'Alep pulvérisée			41
Scammonée d'Alep (résine blanche purifiée de)			46
Scille, squammes sèches			15
Scille, squammes pulvérisées			23
Sedlitz granulé			18
Seigle ergoté pulvérisé			37
Sel ammoniac (chlorhydrate d'ammoniaque) blanc pulvérisé			18
Sel de Berthollet (chlorate de potasse)			19
Sel de Berthollet pulvérisé			22
Sel de Boutigny (chloro-iodure de mercure)			42
Sel duobus (sulfate de potasse) pulvérisé			16
Sel d'Epsom (sulfate de magnésie)			8
Sel de Glauber (sulfate de soude)			8
Sel de Guindre			22
Sel de lait (sucre de lait) (pulvérisé)			17
Sel marin (chlorure de (sodium) ordinaire	500 gr.	0 15	
Idem	250 gr.	0 10	
Sel marin (chlorure de sodium) pur			27
Sel de nitre (azotate ou nitrate de potasse) pulvérisé			9
Sel de Saturne (acétate de plomb cristallisé)			9
Sel de Sedlitz (sulfate de magnésie)			8
Sel de Seignette (tartrate de potasse et de soude) pulvérisé			20
Sel de tartre (carbonate de potasse)			9
Sel de Vichy (bicarbonate de soude pulvérisé)			7
Semen contra d'Alep			15
Semen contra pulvérisé			19
Semen contra couvert ou sucré			15
Semences de coings (pépins de coings)			26
Séné, feuilles mondées			17
Séné, feuilles pulvérisées			24
Séné, follicules			19
Séné, follicules pulvérisées			24
Séné, follicules pulvérisées et lavées à l'alcool			32
Seringues à injections pour hommes	la pièce.	0 30	
Seringues à injections pour femmes (droites, courbes et de Ricord)		0 90	
Seringues à injection pour oreilles ou nez		0 40	

PRODUITS	NOMBRE ou QUANTITÉ	PRIX	NUMÉRO de référence au barème
Serpentaire de Virginie	. . .	. . . . .	28
Serre-bras en gomme ou en fer blanc . .	. . . .	0 90	
Serre-bras en toile métallique	. . . .	1 »	
Sérum artificiel ou physiologique (solution de chlorure de sodium à 7 °/₀₀) en ampoules stérilisées à l'autoclave. L'ampoule de . .	50 c. c.	1 75	
Idem.	125 c. c.	2 50	
Idem.	250 c. c.	3 50	
Idem.	500 c. c.	4 20	
Sérum de Chéron ou de Hayem, en ampoules stérilisées à l'autoclave (mêmes prix que le sérum artificiel).			
Sérum artificiel ou physiologique, sérum de Chéron ou de Hayem, stérilisé et délivré en flacons	litre.	3 70	16
Sérum gélatiné, stérilisé à l'autoclave . . .	50 c. c.	2 »	
Idem.	100 c. c.	2 80	
Idem.	125 c. c.	3 »	
Idem.	250 c. c.	4 »	
Silicate de potasse liquide	litre.	1 [illegible]0	10
Idem.	1/2 litre.	1 »	10
Simarouba, écorce coupée (variable).	. . . . .	. . . .	24
Simarouba, écorce coupée pulvérisée	. . . .	. . .	30
Sinapismes ou moutarde en feuilles. . . .	la feuille.	0 10	
Idem.	les 10.	0 90	
	LITRE	1/2 LITRE	
Sirop d'absinthe	2 50	1 25	11
Sirop d'acide cyanhydrique (prussique) . . .	. . . .	. . . . .	24
Sirop d'acide phénique (sirop phéniqué) . .	2 50	1 25	11
Sirop d'aconit.	2 80	1 50	13
Sirop antiscorbutique (de raifort composé) .	2 50	1 25	11
Sirop antiscorbutique de Portal	2 80	1 50	13
Sirop d'armoise composé.	2 80	1 50	13
Sirop d'asperges (pointes)	2 80	1 50	13
Sirop de baume de tolu	2 50	1 25	11
Sirop de belladone	2 80	1 50	13
Sirop de bi-iodure de mercure ioduré (sirop de Gibert).	4 20	2 20	15
Sirop de bourgeons de sapins	2 50	1 25	11
Sirop de bourrache	2 50	1 25	11
Sirop de bromure de potassium (Codex). . .	4 20	2 20	15
Sirop de cachou.	2 50	1 25	11
Sirop de capillaire.	2 10	1 10	10
Sirop de cerises	2 10	1 10	10
Sirop de chicorée composé (de rhubarbe composé).	3 50	1 80	14

PRODUITS	NOMBRE ou QUANTITÉ	PRIX	NUMÉRO de référence au barème
	LITRE	1/2 LITRE	
Sirop de chloral (à 1 gr. p. 20) [Codex]	4 20	2 20	15
Sirop de chlorhydrophosphate de chaux (Codex)	2 80	1 50	13
Sirop des cinq racines	2 80	1 50	13
Sirop de citrate de fer ammoniacal	3 50	1 80	14
Sirop de codéine	5 50	3 »	19
Sirop de coings	2 50	1 25	11
Sirop de colombo	2 80	1 50	13
Sirop de consoude	2 50	1 25	11
Sirop de convallaria maïalis (muguet)	5 50	3 »	19
Sirop de coquelicots	2 80	1 50	13
Sirop de Cuisinier (de salsepareille composé)	3 50	1 80	14
Sirop de Datura	3 50	1 80	14
Sirop de Désessarts (d'ipécacuanha composé)	2 80	1 50	13
Sirop diacode (de pavots blancs) [ancien Codex]	2 50	1 25	11
Sirop diacode (nouveau Codex)	2 50	1 25	11
Sirop de digitale	2 80	1 50	13
Sirop de douce-amère	2 50	1 25	11
Sirop d'écorces d'oranges amères	2 80	1 50	13
Sirop d'écorces d'orme pyramidal	2 80	1 50	13
Sirop d'ergotine	5 50	3 »	19
Sirop d'érysimum composé	2 80	1 50	13
Sirop d'éther	3 50	1 80	14
Sirop d'eucalyptus	2 80	1 50	13
Sirop d'extrait d'opium	2 80	1 50	13
Sirop de fleurs d'oranger	2 80	1 50	13
Sirop de framboises	2 50	1 25	11
Sirop de fumeterre	2 50	1 25	11
Sirop de gayac	2 50	1 25	11
Sirop de gentiane	2 50	1 25	11
Sirop de Gibert (de bi-iodure de mercure ioduré)	4 20	2 20	15
Sirop de gomme arabique	1 75	0 90	8
Sirop de goudron	2 50	1 25	11
Sirop de groseilles	2 10	1 10	10
Sirop de guimauve	1 75	0 90	8
Sirop d'hémoglobine à 50 %	5 50	3 »	19
Sirop de houblon	2 50	1 25	11
Sirop d'hypophosphite de chaux ou de soude	4 20	2 20	15
Sirop iodo-tannique	4 20	2 20	15
Sirop iodo-tannique phosphaté	4 50	2 30	16
Sirop d'iodure d'amidon	4 20	2 20	15
Sirop d'iodure de fer	2 80	1 50	13
Sirop d'iodure (bi-) de mercure ioduré (sirop de Gibert)	4 20	2 20	15
Sirop d'iodure de potassium (Codex)	5 »	2 50	18
Sirop d'ipécacuanha	4 20	2 20	15

PRODUITS	NOMBRE ou QUANTITÉ	PRIX	NUMÉRO de référence au barème
	LITRE	1/2 LITRE	
Sirop d'ipécacuanha composé (sirop de Désessarts)	2 80	1 50	13
Sirop de jusquiame	2 80	1 50	13
Sirop de lactophosphate de chaux (Codex)	4 20	2 20	15
Sirop de lactucarium opiacé (formule d'Aubergier)	4 20	2 20	15
Sirop de laurier-cerise	2 80	1 50	13
Sirop de lichen	2 50	1 25	11
Sirop de limaçons	2 80	1 50	13
Sirop de limons	1 75	0 90	8
Sirop de matico	4 20	2 20	15
Sirop de menthe	2 80	1 50	13
Sirop de miel (mellite simple)	2 10	1 10	10
Sirop de monésia	4 20	2 20	15
Sirop de monosulfure de sodium	2 80	1 50	13
Sirop de morphine (acétate, chlorhydrate et sulfate)	4 20	2 20	15
Sirop de mou de veau	2 80	1 50	13
Sirop de muguet (convallaria maïalis	5 50	3 »	19
Sirop de mûres	2 50	1 25	11
Sirop de narcéine	6 30	3 45	21
Sirop de nerprun	2 50	1 25	11
Sirop de noyer	2 50	1 25	11
Sirop d'opium (d'extrait) [sirop thébaïque)	2 80	1 50	13
Sirop d'opium (d'extrait) succiné (sirop de karabé)	4 20	2 20	15
Sirop d'oranges	1 75	0 90	8
Sirop d'orgeat	2 10	1 10	10
Sirop de pavots blancs (diacode)	2 50	1 85	11
Sirop pectoral	2 80	1 50	13
Sirop de pensée sauvage	2 50	1 25	11
Sirop de pepsine	5 50	3 »	19
Sirop de perchlorure de fer	2 80	1 50	13
Sirop de phellandrie	2 80	1 50	13
Sirop de phosphate de chaux	2 80	1 50	13
Sirop de polygala	2 80	1 50	13
Sirop de Portal (antiscorbutique)	2 80	1 50	13
Sirop de pyrophosphate de fer	3 50	1 80	14
Sirop de quinquina à l'eau	2 80	1 50	13
Sirop de quinquina au vin	4 50	2 25	16
Sirop de quinquina ferrugineux	5 »	2 50	18
Sirop de raifort composé (sirop antiscorbut.)	2 50	1 25	11
Sirop de raifort iodé	2 80	1 50	13
Sirop de ratanhia	5 »	2 50	18
Sirop de rhubarbe composé (de chic. comp.)	3 50	1 80	14
Sirop de rhubarbe simple	2 80	1 50	13
Sirop de salsepareille simple	2 80	1.50	13
Sirop de salsepareille composé (de Cuisinier)	3 50	1 80	14

PRODUITS	NOMBRE ou QUANTITÉ	PRIX	NUMÉRO de référence au barème
	LITRE	1/2 LITRE	
Sirop de saponaire	2 50	1 25	11
Sirop simple ou de sucre.	1 25	0 70	7
Sirop de spartéine (1 gr. 25 pour 500 gr. de sirop d'écorces d'oranges amères) . . .	6 30	3 15	21
Sirop de stigmates de maïs (à 25 gr. d'extrait pour 2 kilogr.)	3 50	1 80	14
Sirop de stramonium	3 50	1 80	14
Sirop de sucre ou simple.	1 25	0 70	7
Sirop de sulfate de quinine.	5 »	2 50	18
Sirop de tartrate de potasse et de fer	3 50	1 80	14
Sirop tartrique	2 50	1 25	11
Sirop de térébenthine	2 80	1 50	13
Sirop de terpine à 2 gr. 50 %	4 20	2 20	15
Sirop thébaïque (d'extrait d'opium)	2 80	1 50	13
Sirop de thridace	2 80	1 50	13
Sirop de tolu	2 50	1 25	11
Sirop de valériane.	2 80	1 50	13
Sirop de Vannier	3 50	1 80	14
Sirop vermifuge	4 20	2 20	15
Sirop de vinaigre	1 75	0 90	8
Sirop de vinaigre framboisé	2 50	1 25	11
Sirop de violettes	5 »	2 50	18
Solution d'acide picrique à 5 °/₀₀	litre.	0 90	6
Solution d'adrénaline à 1 °/₀₀	. . . .	. . . . .	51
Solution de digitaline cristallisée au millième du Codex.	50 gouttes	0 20	39
Solution de phosphate monocalcique, de chlorhydrophosphate de chaux, de lactophosphate de chaux (formules de la Société de pharmacie de Paris)	litre.	2 25	12
Idem.	1/2 litre.	1 25	12
Sondes (mêmes prix que les bougies)			
Sondes molles en caoutchouc (sondes Nélaton)	la pièce.	1 40	
Soufre doré d'antimoine	. . . .	. . . . .	28
Soufre sublimé (fleurs de soufre)	. . . .	. . . . .	8
Soufre sublimé (fleurs de soufre) et lavé. . .	. . . .	. . . . .	11
Soufre précipité (magistère de soufre). . . .	. . . .	. . . . .	19
Sparadrap de belladone	1 mètre.	1 40	
Idem.	0m,10	0 20	
Sparadrap de ciguë	1 mètre.	1 40	
Idem.	0m,10	0 20	
Sparadrap de diachylum	1 mètre.	0 85	
Idem.	0m,10	0 10	
Sparadrap de diachylum des hôpitaux . . .	1 mètre.	1 »	
Idem.	0m,10	0 20	
Sparadrap à la glu	1 mètre.	1 »	

PRODUITS	NOMBRE ou QUANTITÉ	PRIX	NUMÉRO de référence au barème
Sparadrap à la glu.	0^m,10	0 20	
Sparadrap de poix de Bourgogne	1 mètre.	1 25	
Idem.	0^m,10	0 20	
Sparadrap de Vigo	1 mètre.	1 60	
Idem.	0^m,50	0 90	
Idem.	0^m,10	0 20	
(Les sparadraps ci-dessus sur toile caoutchoutée sont augmentés de moitié).			
Spartéine (chlorhydrate)	. . . . .	. . . .	56
Spartéine (sulfate).	. . . . .	. . . .	53
Squine, racine coupée	. . . . .	. . . .	10
Staphisaigre pulvérisé	. . . . .	. . . .	24
Stérésol	. . . . .	. . . .	35
Stigmates de maïs.	. . . . .	. . . .	10
Stovaïne	. . . . .	. . . .	57
Stramoine (datura) feuilles mondées . .	. . . . .	. . . .	12
Stramoine pulvérisée	. . . . .	. . . .	19
Strophantine	1 centigr.	0 30	
Strychnine et ses sels	5 centigr.	0 20	56
Styrax, onguent	. . .	. . . .	15
Sublimé corrosif (bichlorure de mercure) . .	. . . . .	. . . .	32
Sublimé (paquets) [formule de l'académie] .	1 paquet.	0 10	
Idem.	5 paquets.	0 40	
Idem.	10 paq.	0 70	
Suc d'herbes	100 gr.	0 35	
Suc de réglisse	. . . . .	. . . .	15
Sucre candi.	. . . . .	. . . .	6
Sucre candi pulvérisé	. . . . .	. . . .	8
Sucre de lait (lactine, lactose) pulvérisé . . .	. . . . .	. . . .	17
Sucre vanillé (à 10 %).	. . . . .	. . . .	33
Suie préparée.	. . . . .	. . . .	23
Sulfate d'alumine	. . . . .	. . . .	16
Sulfate d'alumine et de potasse (alun pulvérisé)	. . . . .	. . . .	7
Sulfate d'alumine et de potasse (alun calciné)	. . . . .	. . . .	14
Sulfate d'atropine	1 centigr.	0 10	
Idem.	10 centigr.	0 50	
Sulfate de cadmium	. . . . .	. . . .	38
Sulfate de cuivre (couperose bleue (pulvérisé)	. . . . .	. . . .	11
Sulfate de cuivre ordinaire.	. . . . .	. . . .	7
Sulfate d'ésérine	1 centigr.	0 35	
Idem.	10 centigr.	1 75	
Sulfate de fer (couperose verte).	. . . . .	. . . .	9
Sulfate de fer ordinaire	. . . . .	. . . .	1
Sulfate de magnésie (sel d'Epsom ou de Sedlitz)	. . . . .	. . . .	8
Sulfate de manganèse	. . . . .	. . . .	23
Sulfate (Bi-) de mercure	. . . . .	. . . .	26

PRODUITS	NOMBRE ou QUANTITÉ	PRIX	NUMÉRO de référence au barème
Sulfate (Sous-deuto) de mercure (turbith minéral)	.	. . .	32
Sulfate de morphine.	5 centigr.	0 10	56
Sulfate de pelletiérine, la dose de. . . .	3o centigr.	2 80	
Sulfate de potasse (sel duobus) pulvérisé. .	. .	. . . . .	16
Sulfate de quinine chimiquement pur (variable)	.	. . . . .	45
Sulfate (Bi-) de quinine chimiquement pur	. .	. . . . .	48
Sulfate de soude (sel de Glauber)	. .	. . . . .	8
Sulfate de spartéine	. . . . .	. . . . .	53
Sulfate de strychnine	5 centigr	0 20	56
Sulfate de zinc pur (couperose blanche) . . .	. . . . .	. . . . .	13
Sulfate de zinc ordinaire	. . . . .	. . . .	4
Sulfonal	. . .	. .	37
Sulfonaphtolate de chaux (asaprol)	. . . .	. . . .	44
Sulforicinate de soude.	. . . . .	. . . . .	32
Sulfovinate de soude	. . . . .	. . . .	28
Sulfure d'antimoine pulvérisé	. . . . .	. . . . .	13
Sulfure de mercure rouge (cinabre ou vermillon) pulvérisé	. . . . .	. . . . .	30
Sulfure de potasse sec (foie de soufre). . . .	. . . . .	. . . . .	9
Sulfure de potasse liquide à 3o°.	. . . . .	. . . . .	5
Sulfure de sodium cristallisé (hydrosulfate de soude)	. . . . .	. . . . .	15
Sulfure de soude sec.	. . . . .	. . . . .	9
Sulfure de soude liquide à 3o°	. . . . .	. . . .	5
Suppositoires simples (de beurre de cacao, de miel, de savon, de suif, etc.)	la pièce.	0 20	
Idem.	les 6.	0 70	
Idem.	les 10.	1 »	
Suppositoires composés (ajouter au prix établi ci-dessus le prix de la ou des substances prescrites, et augmenter le prix obtenu d'un prix de manipulation de 5 centimes par suppositoire).			
Suppositoires à la glycérine solidifiée pour adultes.	la pièce.	0 20	
Idem.	les 6.	0 85	
Idem.	les 10	1 40	
Suppositoires à la glycérine solidifiée pour enfants.	la pièce.	0 20	
Idem.	les 6.	0 70	
Idem.	les 10.	1 »	
Suppositoires à la glycérine composée (établir les prix comme pour les suppositoires au beurre de cacao).			
Sureau, fleurs mondées	. . . . .	. . .	13
Sureau, écorce	. . . . .	. . . . .	19

PRODUITS	NOMBRE ou QUANTITÉ	PRIX	NUMÉRO de référence au barème
Suspensoirs ordinaires	la pièce.	0 50	
Suspensoirs à ceinture demi-élastique	la pièce.	0 90	
Suspensoirs à poche mobiée	la pièce.	1 25	
T			
Tabac (nicotiane), feuilles mondées	.....	...	12
Tablettes (Voir Pastilles).			
Taffetas d'Angleterre	la feuille.	0 20	
Taffetas chiffon (gaze chiffon)	le mètre.	4 20	
Idem	0m,50	2 50	
Idem	0m,25	1 40	
Idem	100 c. q.	0 15	
Taffetas gommé	le mètre.	2 50	
Idem	0m,20	0 55	
Idem	200 c. q.	0 15	
Talc de Venise	.....	...	7
Tamarin entier	.....	.....	13
Tamarin, pulpe	.....	.....	22
Tan (écorce de chêne) pulvérisé	.....	.....	8
Tanaisie, sommités	.....	.....	11
Tannalbine	.....	.....	41
Tannate de bismuth	.....	.....	37
Tannate de pelletiérine	.....	.....	60
Tannate de plomb	.....	.....	35
Tannate de quinine (variable)	.....	.....	48
Tannigène	.....	.....	45
Tannin (acide tannique) à l'éther	.....	.....	30
Tannin à l'alcool, pur	.....	.....	34
Tarlatane pour cataplasmes	le mètre.	0 20	
Tartrate d'antimoine et de potasse (émétique) pulvérisé	.....	.....	34
Tartrate de diméthylpipérazine (lycétol)	.....	.....	56
Tartrate (Bi-) de potasse (crème de tartre) pulvérisé	.....	.....	16
Tartrate de potasse soluble (crème de tartre soluble, tartrate borico-potassique)	.....	.....	22
Tartrate de potasse neutre	.....	.....	19
Tartrate de potasse et de fer en paillettes	.....	.....	32
Tartrate de potasse et de soude (sel de Seignette)	.....	.....	20
Tartre stibié (émétique) [tartrate de potasse et d'antimoine] pulvérisé	.....	.....	34
Teinture d'absinthe	.....	.....	21
Teinture d'absinthe composée (élixir de Stoughton)	.....	.....	22
Teinture d'aconit	.....	.....	27

PRODUITS	NOMBRE ou QUANTITÉ	PRIX	NUMÉRO de référence au barême
Teinture d'aloès			19
Teinture d'aloès composée (élixir de longue vie)			20
Teinture d'anis et d'anis étoilé			22
Teinture d'arnica :			
Paris	litre.	5 »	21
Idem	1/2 litre.	2 60	21
Province	litre.	4 50	19
Idem	1/2 litre.	2 40	19
Teinture d'asa fœtida			23
Teinture balsamique (baume du Commandeur) :			
Paris			25
Province			23
Teinture amère de Baumé			37
Teinture de badiane (anis étoilé)			22
Teinture de baume de tolu			24
Teinture de belladone			31
Teinture de benjoin			24
Teinture de Bestucheff			30
Teinture de boldo			28
Teinture de cachou			24
Teinture de cannabis indica (chanvre indien)			30
Teinture de cannelle de Ceylan			24
Teinture de cantharides			28
Teinture de capsicum			24
Teinture de cascarille			24
Teinture de castoréum			40
Teinture de chanvre indien (cannabis indica)			30
Teinture de ciguë			28
Teinture de coca (variable)			24
Teinture de cochenille			27
Teinture de colchique (bulbes)			28
Teinture de colchique (semences)			28
Teinture de colombo			22
Teinture de condurango			28
Teinture de datura stramonium			28
Teinture de digitale			28
Teinture de digitale éthérée			31
Teinture de drosera			28
Teinture d'écorces de citrons, d'oranges ou d'oranges amères)			22
Teinture éthérée de digitale			31
Teinture éthérée de valériane			31
Teinture d'eucalyptus			24
Teinture de gaïac (bois) [eau de-vie de gaïac]			22
Teinture de gaïac (résine)			23
Teinture de genièvre			19

PRODUITS	NOMBRE ou QUANTITÉ	PRIX	NUMÉRO de référence au barème
Teinture de gentiane :			
Paris	litre.	5 »	21
Idem.	1/2 bout.	2 60	21
Province	litre.	4 50	19
Idem.	1/2 litre.	2 40	19
Teinture de gentiane alcaline (élixir de Peyrilhe)	.....	.....	20
Teinture de girofles	.....	.....	24
Teinture de grindelia robusta	.....	.....	28
Teinture d'hamamelis virginica	.....	.....	28
Teinture d'hydrastis canadensis	.....	.....	28
Teinture d'iode	.....	.....	30
Teinture d'ipéca	.....	.....	30
Teinture de jaborandi	.....	.....	28
Teinture de jalap composée (eau-de-vie allemande)	.....	.....	26
Teinture de jusquiame	.....	.....	28
Teinture de kola	.....	.....	24
Teinture de lobélie enflée	.....	.....	28
Teinture de mars tartarisée	.....	.....	28
Teinture de muguet	.....	.....	28
Teinture de musc au 10ᵉ (variable)	.....	.....	55
Teinture de myrrhe	.....	.....	24
Teinture de noix de galle	.....	.....	21
Teinture de noix vomique	.....	.....	28
Teinture d'opium (d'extrait) [variable]	.....	.....	34
Teinture d'opium camphrée (élixir parégorique)	.....	.....	32
Teinture de polygala	.....	.....	24
Teinture de quassia amara	.....	.....	22
Teinture de quillaya	.....	.....	24
Teinture de quinquina gris	.....	.....	24
Teinture de quinquina jaune	.....	.....	26
Teinture de ratanhia	.....	.....	24
Teinture de rhubarbe	.....	.....	28
Teinture de safran	.....	.....	34
Teinture de savon	.....	.....	21
Teinture de scille	.....	.....	28
Teinture de stramoine (datura)	.....	.....	28
Teinture de strophantus	.....	.....	34
Teinture thébaïque (d'opium) [variable]	.....	.....	34
Teinture de valériane	.....	.....	22
Teinture de valériane éthérée	.....	.....	31
Teinture de vanille	.....	.....	34
Teinture de viburnum prunifolium	.....	.....	28
Teinture vulnéraire	.....	.....	21
Térébenthine de Venise	.....	.....	22
Térébenthine cuite	.....	.....	27

PRODUITS	NOMBRE ou QUANTITÉ	PRIX	NUMÉRO de référence au barème
Terpine			37
Terpinol			39
Thé noir ou vert			22
Thé de Saint-Germain			24
Thé suisse (espèces vulnéraires)	1/2 roul.	0 15	11
Théobromine			48
Thériaque, électuaire			24
Thiocol			46
Thridace (extrait de laitue)			32
Thym, sommités			9
Thymol (acide thymique) cristallisé			37
Thymol bi-iodé (aristol, iodo-thymol)			42
Tilleul, fleurs mondées (variable)			26
Tilleul, fleurs avec bractées (variable)			16
Traumaticine			34
Trèfle d'eau (ményanthe), feuilles			12
Trinitrine (nitroglycérine), en solution alcool au 100°			42
Trional			45
Tube à sangsue	la pièce.	0 20	
Turbith minéral (sous-sulfate de mercure)			32
Turbith nitreux (sous-azotate de mercure)			32
Tussilage (pas-d'âne), fleurs			15
Tuthie préparée			30
U			
Ulmaire (reine des prés)			10
Ulmarène			39
Uvaursi (busserolle), feuilles mondées			10
Urotropine			48
V			
Valérianate d'ammoniaque cristallisé			37
Valérianate d'ammoniaque (formule Pierlot)			30
Valérianate d'atropine	1 centigr.	0 15	65
Valérianate de caféine	5 centigr.	0 10	48
Valérianate de fer			37
Valérianate de quinine (variable)			48
Valérianate de zinc			37
Valériane, racine mondée			9
Valériane, racine pulvérisée			19
Vanadate (méta-) de soude			52
Vanille pulvérisée (sucre de vanille au 10°)			33
Vaseline			16

PRODUITS	NOMBRE ou QUANTITÉ	PRIX	NUMÉRO de référence au barème
Vaseline boriquée au 10e	.....	.....	19
Vaseline camphrée ou phéniquée	.....	.....	24
Vaseline liquide médicinale (huile de vasel.)	.....	.....	24
Vaseline au sublimé (Codex)	.....	.....	22
Vératrine	.....	.....	56
Véronal	.....	.....	53
Verveine, feuilles mondées	.....	.....	9
Verveine odorante, feuilles	.....	.....	24
Vigne rouge, feuilles	.....	.....	10
	LITRE	1/2 LITRE	
Vin d'absinthe	1 75	1 »	10
Vin antiscorbutique	1 75	1 »	10
Vin aromatique	1 75	1 »	10
Vin blanc ordinaire	1 50	0 80	9
Vin chalybé (Codex)	3 »	1 60	14
Vin de coca (Codex), au grenache ou autre vin analogue)	4 »	2 20	17
Vin de colchique (semences ou bulbes [Codex]	4 »	2 20	17
Vin de Colombo (Codex)	4 »	2 20	17
Vin créosoté au malaga, au grenache ou autre vin analogue	4 »	2 20	17
Vin créosoté au vin rouge	2 25	1 25	12
Vin diurétique amer de la Charité	3 »	1 60	14
Vin diurétique de l'Hôtel-Dieu ou de Trousseau	3 »	1 60	14
Vin ferrugineux au grenache (vin chalybé du Codex)	3 »	1 60	14
Vin de gentiane	1 75	1 »	10
Vin de gentiane au grenache, au malaga ou au madère	3 »	1 60	14
Vin iodo-tannique au grenache, au malaga ou autre vin analogue	4 »	2 20	17
Vin de kola au malaga ou au grenache	3 »	1 60	14
Vin de lacto-phosphate de chaux au malaga, au grenache ou autre vin analogue	4 »	2 20	17
Vin de malaga, de grenache ou autre vin analogue	2 50	1 40	13
Vin d'opium composé (Voir Laudanum de Sydenham).			
Vin de pepsine (Codex)	5 50	3 »	21
Vin de peptone au grenache, au malaga ou autre vin analogue	5 50	3 »	21
Vin de phosphate de chaux au malaga, au grenache ou autre vin analogue	3 »	1 60	14
Vin de quinium au malaga, au grenache ou autre vin analogue	4 »	2 20	17

PRODUITS	NOMBRE ou QUANTITÉ	PRIX	NUMÉRO de référence au barème
	LITRE	1/2 LITRE	
Vin de quinquina au Bordeaux.	1 75	1 »	10
Vin de quinquina au grenache, au lunel, au malaga ou autre vin analogue	3 »	1 60	14
Vin de quinquina ferrugineux	4 »	2 20	17
Vin de rhubarbe (Codex)	4 »	2 20	17
Vin rouge (de Bordeaux ou analogue). . . .	1 50	0 80	9
Vin scillitique (Codex).	4 »	2 20	17
Vin scillitique de la Charité (vin diurétique amer)	3 »	1 60	14
Vin scillitique de Trousseau ou de l'Hôtel-Dieu (vin diurétique de Trousseau). . . .	3 »	1 60	14
Vinaigre antiseptique ou des quatre voleurs	. . . . .	. . . . .	12
Vinaigre aromatique du Codex.	. . . . .	. . . . .	12
Vinaigre camphré.	. . . . .	. . . . .	12
Vinaigre radical (acide acétique du verdet). .	. . . . .	. . . . .	30
Violettes, fleurs (variable)	. . . . .	. . . . .	19
Y			
Yeux d'écrevisses préparés	. . . . .	. . . . .	27

OBJETS DE PANSEMENT

	QUANTITÉS DIVERSES	PRIX larg. 0m05	QUANTITÉS DIVERSES	PRIX larg. 0m07	QUANTITÉS DIVERSES	PRIX larg. 0m10	20 gr.	30 gr.	50 gr.	100 gr.	125 gr.	200 gr.	250 gr.	500 gr.
Bandes de gaze hydrophile . . .	5 mètres.	0 35	5 mètres.	0 40	5 mètres.	0 50	0 45	0 70	1 10	2 10	»	»	»	»
Bandes de tangeps.	Id.	0 30	Id.	0 35	Id.	0 40	0 35	0 55	0 80	1 40	»	»	»	»
Bandes de tarlatane	Id.	0 30	Id.	0 35	Id.	0 40	0 35	0 55	0 80	1 40	»	»	»	»
Bandes de tarlatane phéniquée	Id.	0 35	Id.	0 40	Id.	0 50	0 45	0 70	1 10	2 10	»	»	»	»
Bandes de toile	Id.	0 70	Id.	0 90	Id.	1 20	»	»	»	0 85	1 05	1 50	1 75	»
Bandes de crépon (filet bleu) .	Id.	0 75	Id.	0 95	Id.	1 20	»	»	»	»	»	»	»	»
Bandes de crépon (filet rouge) .	Id.	0 85	Id.	1 10	Id.	1 50	»	»	»	»	»	»	»	»
Coton ordinaire cardé	la feuille.	0 10	1 mètre.	0 50	0m50	0 30	»	»	0 30	»	0 65	»	1 05	1 75
Coton hydrophile.	»	»	»	»	»	»	»	»	0 35	»	0 70	»	1 25	2 »
Coton boriqué.	»	»	»	»	»	»	»	»	0 50	»	0 95	»	»	»
Coton iodoformé à 4 %. . . .	»	»	»	»	»	»	»	»	1 »	»	2 10	»	»	»
Coton phéniqué.	»	»	»	»	»	»	»	»	0 55	»	1 05	»	»	»
Coton salicylé.	»	»	»	»	»	»	»	»	0 90	»	1 40	»	»	»
Coton au salol.	»	»	»	»	»	»	»	»	0 90	»	1 40	»	»	»
Coton au sublimé.	»	»	»	»	»	»	»	»	0 55	»	1 05	»	»	»
Crins de Florence stérilisés. .	le flacon.	3 50	»	»	»	»	»	»	»	»	»	»	»	»
Drains stérilisés. le flacon de	0m25	3 »	»	»	»	»	»	»	»	»	»	»	»	»
Gaze purifiée.	5 mètres.	1 75	1 mètre.	0 40	»	»	»	»	»	»	»	»	»	»
Gaze purifiée et stérilisée. . . .	Id.	4 »	Id.	1 25	»	»	»	»	»	»	»	»	»	»
Gaze boriquée.	Id.	2 »	Id.	0 55	»	»	»	»	»	»	»	»	»	»
Gaze hydrophile (purifiée) . . .	Id.	1 75	Id.	0 40	»	»	»	»	»	»	»	»	»	»
Gaze iodoformée à 30 %.	»	»	Id.	2 10	0m50	1 25	»	»	»	»	»	»	»	»
Gaze iodoformée à 10 %. . . .	»	»	Id.	1 40	Id.	0 85	»	»	»	»	»	»	»	»
Gaze phéniquée.	5 mètres.	2 »	Id.	0 55	»	»	»	»	»	»	»	»	»	»
Gaze salicylée.	Id.	2 50	Id.	0 70	»	»	»	»	»	»	»	»	»	»
Gaze au salol	Id.	2 80	Id.	0 90	»	»	»	»	»	»	»	»	»	»
Gaze au sublimé à 1 ‰	Id.	2 »	Id.	0 55	»	»	»	»	»	»	»	»	»	»
Lint boriqué	1 mètre.	1 40	»	»	»	»	»	»	»	»	»	»	»	»
Mackintosch	1 mètre.	4 »	»	»	»	»	»	»	»	»	»	»	»	»
	0m50	2 50	»	»	»	»	»	»	»	»	»	»	»	»
Protective (1m sur 0m20)	le rouleau	1 40	»	»	»	»	»	»	»	»	»	»	»	»
Soie stérilisée.	le flacon.	3 50	»	»	»	»	»	»	»	»	»	»	»	»

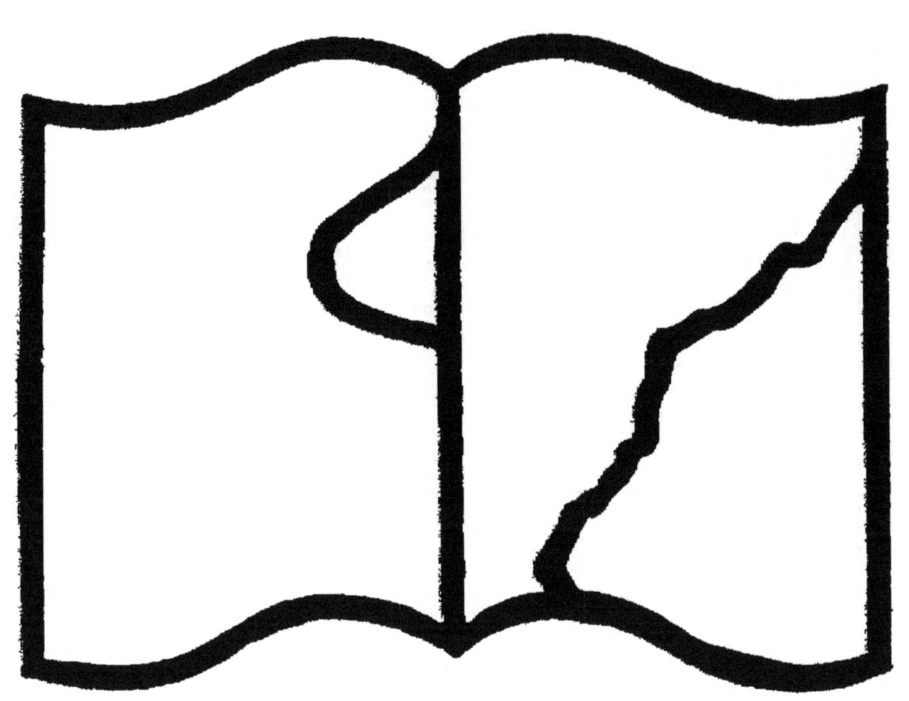

Texte détérioré — reliure défectueuse

NF Z 43-120-11

B. — BARÈME DES PRIX

Numéros de référence	1000 gr.	500 gr.	300 gr.	250 gr.	200 gr.	100 gr.	60 gr.	30 gr.	20 gr.	10 gr.	5 gr.	3 gr.	1 gr.	50 centigr.	30 centigr.	10 centigr.	Numéros de référence
1	0 30	0 20	0 15	0 15	0 10	0 05	...	...	...	...	...	...	...	...	...	...	1
2	0 40	0 25	0 20	0 15	0 10	0 05	...	...	...	...	...	...	...	...	...	...	2
3	0 50	0 30	0 20	0 20	0 15	0 10	...	...	...	...	...	...	...	...	...	...	3
4	0 65	0 35	0 25	0 20	0 15	0 10	...	...	...	...	...	...	...	...	...	...	4
5	0 75	0 40	0 35	0 30	0 25	0 15	0 10	0 05	...	...	...	...	...	...	...	...	5
6	0 90	0 50	0 35	0 30	0 25	0 15	0 10	0 05	...	...	...	...	...	...	...	...	6
7	1 »	0 55	0 40	0 35	0 30	0 20	0 15	0 10	...	...	...	...	...	...	...	...	7
8	1 25	0 70	0 50	0 40	0 30	0 20	0 15	0 10	0 05	...	...	...	...	...	...	...	8
9	1 50	0 80	0 60	0 50	0 40	0 25	0 20	0 10	0 10	0 05	...	...	...	...	...	...	9
10	1 75	1 »	0 70	0 55	0 45	0 30	0 20	0 15	0 10	0 05	...	...	...	...	...	...	10
11	2 »	1 10	0 80	0 70	0 55	0 35	0 25	0 15	0 10	0 05	...	...	...	...	...	...	11
12	2 25	1 25	0 90	0 75	0 60	0 35	0 25	0 15	0 10	0 05	...	...	...	...	...	...	12
13	2 50	1 40	1 »	0 80	0 65	0 40	0 30	0 20	0 10	0 10	0 05	...	...	...	...	...	13
14	3 »	1 60	1 20	1 »	0 80	0 45	0 35	0 20	0 15	0 10	0 05	...	...	...	...	...	14
15	3 40	1 80	1 30	1 10	0 90	0 50	0 35	0 20	0 15	0 10	0 05	...	...	...	...	...	15
16	3 70	1 90	1 40	1 20	1 »	0 55	0 40	0 20	0 15	0 10	0 05	...	...	...	...	...	16
17	4 »	2 20	1 50	1 30	1 10	0 60	0 40	0 25	0 20	0 10	0 05	...	...	...	...	...	17
18	4 50	2 40	1 60	1 35	1 15	0 65	0 45	0 25	0 20	0 10	0 05	...	...	...	...	...	18
19	5 »	2 60	1 70	1 40	1 20	0 70	0 50	0 30	0 20	0 15	0 10	...	...	...	...	...	19
20	5 25	2 75	1 80	1 50	1 25	0 70	0 50	0 30	0 20	0 15	0 10	...	...	...	...	...	20
21	5 50	3 »	2 »	1 60	1 40	0 80	0 55	0 30	0 20	0 15	0 10	...	...	...	...	...	21
22	6 25	3 20	2 10	1 75	1 50	0 85	0 60	0 35	0 25	0 15	0 10	...	...	...	...	...	22
23	6 50	3 50	2 25	2 »	1 70	0 90	0 70	0 40	0 30	0 20	0 10	...	...	...	...	...	23
24	7 »	3 70	2 40	2 10	1 80	1 »	0 70	0 40	0 30	0 20	0 10	...	...	...	...	...	24
25	7 75	4 »	2 60	2 30	2 »	1 10	0 75	0 45	0 30	0 20	0 15	0 10	0 05	...	...	...	25
26	8 50	4 50	2 90	3 50	2 10	1 25	0 80	0 45	0 30	0 20	0 15	0 10	0 05	...	...	...	26
27	8 75	4 60	3 »	2 60	2 20	1 30	0 85	0 50	0 35	0 20	0 15	0 10	0 05	...	...	...	27
28	9 »	4 75	3 20	2 70	2 30	1 35	0 90	0 50	0 40	0 30	0 20	0 15	0 10	0 05	...	...	28
29	9 50	5 »	3 40	3 »	2 70	1 50	1 »	0 60	0 45	0 30	0 20	0 15	0 10	0 05	...	...	29
30	...	6 »	4 »	3 20	2 80	1 60	1 10	0 65	0 50	0 30	0 20	0 15	0 10	0 05	...	...	30
31	...	6 50	4 50	3 75	3 25	1 80	1 25	0 75	0 55	0 30	0 20	0 15	0 10	0 05	...	...	31
32	...	7 25	5 »	4 40	3 75	2 10	1 40	0 80	0 60	0 35	0 20	0 15	0 10	0 05	...	...	32
33	...	8 25	5 75	5 »	4 20	2 40	1 60	0 90	0 70	0 40	0 25	0 20	0 10	0 05	...	...	33
	...	...	...	»	»			1 40	1 »	0 55	0 35	0 25	0 10	0 05	...	...	35
36	...	...	...	8 50	7 25	4 25	2 80	1 75	1 20	0 60	0 35	0 25	0 10	0 05	...	...	36
37	...	...	...	10 50	8 75	5 »	3 25	2 »	1 40	0 75	0 40	0 30	0 15	0 10	...	...	37
38	...	...	...	...	...	6 »	4 »	2 25	1 50	0 85	0 50	0 35	0 15	0 10	...	...	38
39	...	...	...	...	...	6 50	4 50	2 50	1 70	0 90	0 55	0 40	0 20	0 15	0 10	...	39
40	...	...	...	...	...	...	...	2 75	1 90	1 »	0 60	0 45	0 20	0 15	0 10	...	40
41	...	...	...	...	...	...	...	3 20	2 25	1 15	0 70	0 50	0 25	0 15	0 10	...	41
42	...	...	...	...	...	...	...	3 50	2 40	1 20	0 75	0 55	0 25	0 15	0 10	...	42
43	...	...	...	...	...	...	...	4 »	2 80	1 50	0 80	0 60	0 30	0 20	0 10	...	43
44	...	...	...	...	...	...	...	4 50	3 »	1 75	1 »	0 70	0 30	0 20	0 15	0 10	44
45	...	...	...	...	...	...	...	5 »	3 40	2 »	1 10	0 80	0 35	0 20	0 15	0 10	45
46	...	...	...	...	...	...	...	5 50	3 80	2 25	1 25	0 90	0 35	0 20	0 15	0 10	46
47	...	...	...	...	...	...	...	6 »	4 25	2 50	1 50	1 »	0 35	0 20	0 15	0 10	47
48	...	...	...	...	...	...	...	7 »	5 »	2 80	1 75	1 10	0 40	0 25	0 20	0 10	48
49	...	...	...	...	...	...	...	9 »	6 »	3 50	2 »	1 40	0 50	0 30	0 25	0 15	49
50	...	...	...	...	...	...	...	...	...	4 »	2 25	1 50	0 60	0 40	0 30	0 15	50
51	...	...	...	...	...	...	...	...	...	4 25	2 50	1 60	0 65	0 40	0 30	0 15	51
52	...	...	...	...	...	...	...	...	...	4 50	2 75	1 75	0 70	0 45	0 30	0 15	52
53	...	...	...	...	...	...	...	...	...	5 »	3 »	2 »	0 75	0 50	0 30	0 15	53
54	...	...	...	...	...	...	...	...	...	5 50	3 50	2 25	0 85	0 55	0 35	0 15	54
55	...	...	...	...	...	...	...	...	...	6 50	3 75	2 40	0 90	0 60	0 40	0 20	55
56	...	...	...	...	...	...	...	...	...	7 »	4 »	2 60	1 »	0 70	0 45	0 25	56
57	...	...	...	...	...	...	...	...	...	10 »	5 50	3 70	1 40	0 80	0 60	0 30	57
58	...	...	...	...	...	...	...	...	...	...	6 50	4 25	1 60	0 90	0 70	0 30	58
59	...	...	...	...	...	...	...	...	...	...	7 »	4 50	1 75	1 »	0 75	0 30	59
60	...	...	...	...	...	...	...	...	...	...	8 »	5 25	2 »	1 30	0 85	0 35	60
61	...	...	...	...	...	...	...	...	...	...	9 »	6 »	2 25	1 40	0 90	0 40	61
62	...	...	...	...	...	...	...	...	...	...	10 »	6 75	2 50	1 50	1 »	0 50	62
63	...	...	...	...	...	...	...	...	...	...	...	...	2 75	1 75	1 25	0 60	63
64	...	...	...	...	...	...	...	...	...	...	...	...	3 50	2 »	1 50	0 60	64
65	...	...	...	...	...	...	...	...	...	...	...	...	4 »	2 50	1 75	0 65	65
66	...	...	...	...	...	...	...	...	...	...	...	...	5 »	3 »	2 »	0 75	66
67	...	...	...	...	...	...	...	...	...	...	...	...	6 50	3 50	2 50	1 »	67
68	...	...	...	...	...	...	...	...	...	...	...	...	7 »	4 »	2 75	1 25	68

906 LOI DU 12 AVRIL 1906

Etendant à toutes les exploitations commerciales les dispositions de la loi du 9 avril 1898 sur les accidents du travail.

Article premier. — La législation sur les responsabilités des accidents du travail est étendue à toutes les entreprises commerciales.

Art. 2. — A partir de la promulgation du décret prévu à l'article 4 et pendant les trois mois qui suivront, les contrats d'assurance contre les accidents, souscrits antérieurement à cette promulgation pour des entreprises visées à l'article 1er et ne garantissant pas le risque prévu par les lois des 9 avril 1898, 22 mars 1902 et 31 mars 1905, pourront être dénoncés par l'assureur ou par l'assuré.

La dénonciation s'effectuera, soit au moyen d'une déclaration au siège social ou chez l'agent local, dont il sera donné récépissé, soit par acte extrajudiciaire, soit par lettre recommandée. Le contrat se trouvera ainsi intégralement résilié le dixième jour, à midi, à compter du jour de la déclaration, de la signification de l'acte extrajudiciaire ou du dépôt à la poste de la lettre recommandée.

Les primes restant à payer ne seront acquises à l'assureur qu'en proportion de la période d'assurance réalisée jusqu'au jour de la résiliation. Les primes payées d'avance pour assurances à forfait ne lui resteront acquises, et seulement jusqu'à concurrence de six mois de risque au maximum à compter du jour de la résiliation, que si le contrat n'a pas été dénoncé par lui : le surplus sera restitué à l'assuré.

Art. 3. — Les contrats mixtes par lesquels l'assureur s'est engagé, d'une part, à garantir l'assuré contre le risque de la loi de 1898, si celle-ci était déclarée applicable, et, dans le contraire, à le couvrir du risque de la responsabilité civile, seront intégralement résiliés, s'ils ont été dénoncés dans les formes et délais prévus à l'article précédent. La dénonciation de l'assuré restera toutefois sans effet si, dans la huitaine de cette dénonciation, l'assureur lui remet un avenant garantissant expressément, sans aucune augmentation de prime, le risque défini par les lois des 9 avril 1898, 22 mars 1902 et 31 mars 1905.

A l'expiration du délai de trois mois visé à l'article précédent, le silence des deux parties aura pour effet, sans autres formalités, de rendre le contrat applicable au risque déterminé par les lois des 9 avril 1898, 22 mars 1902 et 31 mars 1905.

Art. 4. — La taxe prévue par l'article 25 de la loi du 9 avril 1898 continuera à être perçue pour les exploitations assujetties par ladite loi, y compris tous les ateliers.

Elle sera réduite à un centime et demi pour les exploitations exclusivement commerciales, y compris les chantiers de manutention ou de dépôt. La liste desdites exploitations sera arrêtée dans les six mois de la promulgation de la présente loi par décret rendu sur la proposition des ministres du commerce et des finances, après avis du comité consultatif des assurances contre les accidents du travail. Elle sera soumise tous les cinq ans à la sanction législative.

Des décrets rendus dans la même forme pourront modifier le taux de la taxe spécifiée à l'alinéa précédent, dans les limites du maximum prévu à l'article 25 de la loi du 9 avril 1898 ou fixé par la loi de finances ; ils devront être publiés au *Journal officiel* au moins trois mois avant l'ouverture de l'exercice à partir duquel la modification deviendrait applicable.

Art. 5. — Les exploitations régies par les lois du 9 avril 1898 et du 30 juin 1899 qui ne sont pas soumises à l'impôt des patentes contribueront au fonds de garantie dans les conditions ci-après.

Il sera perçu annuellement sur chaque contrat d'assurance une contribution dont le montant sera fixé tous les cinq ans par la loi de finances en proportion des primes, et sera recouvré, en même temps que les primes, par les sociétés d'assurances, les syndicats de garantie ou la caisse nationale d'assurances en cas d'accidents, qui en opéreront le versement au fonds de garantie.

En ce qui concerne les exploitants non assurés, il sera perçu, lors des liquidations de rentes mises à leur charge, une contribution dont le montant sera fixé dans les mêmes formes, en proportion du capital constitutif desdites rentes et sera recouvré, pour le compte du fonds de garantie, par les soins de l'administration de l'enregistrement.

Un règlement d'administration publique déterminera les

conditions dans lesquelles seront effectués les versements des sociétés d'assurances, des syndicats de garantie ou de la caisse nationale d'assurance en cas d'accidents et les recouvrements de l'administration de l'enregistrement, ainsi que toutes les mesures nécessaires pour assurer l'exécution du présent article.

Toute contravention aux prescriptions de ce règlement sera punie d'une amende de cent francs à mille francs (100 fr. à 1.000 fr.).

Art. 6. — Les syndicats de garantie prévus à l'article 24 de la loi du 9 avril 1898 doivent, qu'il s'agisse d'entreprises industrielles ou commerciales, comprendre au moins 5.000 ouvriers assurés et 10 chefs d'entreprises adhérents, dont 5 ayant au moins 300 ouvriers, ou bien 2.000 ouvriers assurés et 300 chefs d'entreprises adhérents, dont 30 ayant au moins chacun 3 ouvriers.

Ces syndicats sont autorisés par décrets rendus en Conseil d'Etat, après avis du Comité consultatif des assurances contre les accidents du travail. Ils peuvent être autorisés par arrêtés ministériels, lorsque leurs statuts sont conformes à des statuts types approuvés par décret rendu en Conseil d'Etat, après avis du Comité susvisé.

Art. 7. — Un règlement d'administration publique déterminera les conditions dans lesquelles la présente loi pourra être appliquée à l'Algérie et aux colonies.

Art. 8. — La présente loi entrera en vigueur trois mois après la promulgation du décret prévu au deuxième alinéa de l'article 4.

---

907 LOI DU 17 AVRIL 1906

....

Art. 59. — Le troisième paragraphe de l'article 2 de la loi du 22 mars 1902 sur les accidents du travail est modifié ainsi qu'il suit :

« Le bénéfice de l'assistance judiciaire s'applique de plein « droit à l'acte d'appel et, le cas échéant, à l'acte par lequel est « signifié le désistement de l'appel. Le premier président de la

« Cour, sur la demande qui lui sera adressée à cet effet, dési-
« gnera l'avoué près la Cour dont la constitution figurera dans
» l'acte d'appel, et commettra un huissier pour le signifier ».

....

---

908 DÉCRET DU 12 JUIN 1906

(*Journal officiel* du 14 juin 1906).

Art. 1er. — Une convention concernant la réparation des dommages résultant des accidents du travail ayant été conclue, le 21 février 1906, entre la France et la Belgique et les ratifications de cet acte ayant été échangées à Paris, le 7 juin 1906, ladite convention dont la teneur suit recevra sa pleine et entière exécution :

CONVENTION

« Le Président de la République française et S. M. le roi des Belges, également animés du désir d'assurer à leurs nationaux respectifs le bénéfice réciproque de la législation en vigueur sur la réparation des dommages résultant des accidents du travail, ont résolu de conclure à cet effet une convention et ont nommé pour leurs plénipotentiaires, savoir :

« Le Président de la République française,

« M. Maurice Rouvier, sénateur, président du Conseil, ministre des affaires étrangères, et

« S. M. le roi des Belges,

« M. Alfred Leghait, son envoyé extraordinaire et ministre plénipotentiaire près le Président de la République française ;

« Lesquels, après s'être communiqué leurs pleins pouvoirs, trouvés en bonne et due forme, sont convenus des articles suivants :

« Art. 1er. — Les sujets belges victimes d'accidents du travail en France, ainsi que leurs ayants droit, seront admis au bénéfice des indemnités et des garanties attribuées aux citoyens français par la législation en vigueur sur les responsabilités des accidents du travail.

« Par réciprocité, les citoyens français victimes d'accidents du travail en Belgique, ainsi que leurs ayants droit, seront admis au bénéfice des indemnités et des garanties attribuées aux sujets belges par la législation en vigueur sur la réparation des dommages résultant des accidents du travail.

« Art. 2. — Il sera toutefois fait exception à cette règle lorsqu'il s'agira de personnes détachées à titre temporaire et occupées depuis moins de six mois sur le territoire de celui des deux États contractants où l'accident est survenu, mais faisant partie d'une entreprise établie sur le territoire de l'autre État. Dans ce cas, les intéressés n'auront droit qu'aux indemnités et garanties prévues par la législation de ce dernier État.

« Il en sera de même pour les personnes attachées à des entreprisss de transports et occupées de façon intermittente, même habituelle, dans le pays autre que celui où les entreprises ont leur siège.

« Art. 3. — Les exemptions prononcées en matière de timbre, de greffe et d'enregistrement et la délivrance gratuite stipulée par la législation belge sur les accidents du travail sont étendues aux actes, certificats et documents visés par cette législation, qui seront passés ou délivrés aux fins d'exécution de la loi française.

« Réciproquement, les exemptions prononcées et la délivrance gratuite stipulée par la législation française sont étendues aux actes, certificats et documents visés par cette législation, qui seront passés ou délivrés aux fins d'exécution de la loi belge.

« Art. 4. — Les autorités françaises et belges se prêteront mutuellement leurs bons offices en vue de faciliter de part et d'autre l'exécution des lois relatives aux accidents du travail.

« Art. 5. — La présente convention sera ratifiée et les ratifications seront échangées à Paris, le plus tôt possible.

« Elle entrera en vigueur en France et en Belgique un mois après qu'elle aura été publiée dans les deux pays, suivant les formes prescrites par leur législation respective.

« Elle demeurera obligatoire jusqu'à l'expiration d'une année à partir du jour où l'une ou l'autre des parties contractantes l'aura dénoncée.

« En foi de quoi, les plénipotentiaires respectifs ont signé la présente convention et y ont apposé leurs cachets.

« Fait en double exemplaire à Paris, le 21 février 1906. »

« L. S.) Signé : Rouvier.

« L. S.) A. Leghait. »

Art. 2. — Le ministre des affaires étrangères et le ministre du commerce, de l'industrie et du travail sont chargés, chacun en ce qui le concerne, de l'exécution du présent décret.

---

909 CIRCULAIRE DU GARDE DES SCEAUX
DU 18 JUILLET 1906

Monsieur le Premier Président, Dans une circulaire en date du 22 août 1901, un de mes prédécesseurs avait émis l'avis qu'un ouvrier, victime d'un accident du travail, comparaissant en conciliation devant le président du tribunal, avait le droit de se présenter accompagné d'un conseil autorisé qui pourrait être un ouvrier exerçant ou ayant exercé d'une manière effective et sérieuse la même profession que lui, toutes les fois que le patron serait, de son côté, assisté ou représenté par un conseil, tel par exemple que l'agent de son assureur ou le chef de son contentieux. A cette époque, en effet, l'assistance judiciaire n'était accordée qu'à défaut de conciliation devant le président et il avait paru indispensable d'assurer néanmoins aux deux parties, dans la mesure du possible, une égale protection.

Depuis la mise en vigueur de la loi du 22 mars 1902, l'assistance judiciaire est accordée de plein droit à la victime, devant le président du tribunal. D'autre part, au cours de la discussion de la loi du 31 mars 1905, le Sénat a repoussé tant une disposition adoptée par la Chambre des députés que divers amendements tendant à conférer à l'ouvrier le droit de se faire assister et représenter par un camarade exerçant la même profession.

Dans ces conditions, j'ai été consulté sur la question de savoir si les prescriptions susvisées de la circulaire du 22 août 1901 devaient néanmoins continuer à être observées, ou s'il n'y avait pas lieu de dénier à toute personne autre que l'avocat ou l'avoué commis de droit d'assister et de représenter l'ouvrier en conciliation.

Pour pénétrer sur ce point la véritable pensée du législateur, il est nécessaire d'examiner avec attention les travaux préparatoires de la loi de 1905.

Dans la séance du 30 mai 1901 (*Journal officiel* du 31 mai

1901, p. 1179 et 1182), la Chambre avait adopté une disposition en vertu de laquelle, indépendamment du conseil commis par l'assistance judiciaire, la victime et ses ayants droit pouvaient se faire assister par une personne exerçant la même profession ou l'ayant exercée pendant dix ans et reconnue comme telle dans un certificat émanant d'une société de secours mutuels, d'un syndicat ouvrier ou d'un conseil de prud'hommes de la région.

La commission du Sénat supprima cette disposition qui lui paraissait destinée à donner naissance à une « génération de faiseurs d'affaires ». (Rapport Chovet, 19 novembre 1903).

En première délibération, M. le sénateur Strauss déposa l'amendement suivant : « La victime peut se faire représenter par un ouvrier exerçant la même profession. Il en est de même pour les ayants droit ».

M. Louis Legrand, à l'opinion duquel se rallia M. Cordelet, président de la commission, fit observer que, si l'ouvrier voulait prendre un mandataire pour régulariser les conventions ou transactions arrêtées devant le président, il le pourrait, conformément au droit commun, sans qu'il fût nécessaire de le spécifier dans la loi. Quant à l'assistance et à la représentation devant le président, elle paraissait inutile et même dangereuse en raison des conflits, nuisibles aux intérêts de l'ouvrier, qui pourraient s'élever entre le mandataire choisi par l'ouvrier et l'avoué ou l'avocat qui lui étaient accordés d'office.

Sur ces observations, qui admettaient comme certaine et constante — il est important de le remarquer — la présence aux côtés de l'ouvrier d'un avocat ou d'un avoué, l'amendement fut repoussé (Sénat, séance du 17 juin 1904, *Journal officiel*, 18 juin, Déb. parl., p. 575).

En seconde délibération, il fut de nouveau présenté. Le président de la commission demanda son rejet en des termes qui sont à retenir : « L'ouvrier, victime d'un accident du travail, qui vient devant le président ou devant le tribunal, est assisté d'un conseil, puisqu'il a de plein droit l'assistance judiciaire ; il a à côté de lui un avocat ou un avoué, et quelquefois les deux ».

Si donc l'ouvrier assistant est du même avis que les conseils légaux, son rôle est inutile : s'il est d'un avis différent, le rôle conciliateur du magistrat sera rendu plus difficile encore. La vraie place du camarade d'atelier, de l'ami du blessé est dans le cabinet de l'avoué ou de l'avocat, pour compléter les explications que pourra donner la victime.

« Dans tous les cas, si ni l'avoué, ni l'avocat, ni le président du tribunal, ni le tribunal lui-même ne voient d'inconvénient à ce qu'un ouvrier de la même profession intervienne, il pourra être entendu. C'est à cela qu'il faut se borner.

« Prenons garde d'ouvrir la porte à des agents d'affaires qui seraient de prétendus ouvriers de la même profession. »

Quant à la représentation, il est évident, ajoutait le président, que si l'ouvrier est malade ou blessé, il pourra se substituer un mandataire.

Le commissaire du gouvernement intervint peu après dans le débat ; il rappela que l'ouvrier, quand il se présente en conciliation devant le président, est pourvu de l'assistance judiciaire, et qu'en conséquence les avocats et les avoués pourraient, « si leur zèle concordait toujours avec le vœu de la loi », prêter leur concours à l'ouvrier devant le président. Enfin, il rappela les termes de la circulaire précitée du 22 août 1901 recommandant d'autoriser l'ouvrier à se présenter en compagnie d'un conseil toutes les fois que le patron serait lui-même assisté ou représenté.

Aucune protestation ne s'éleva contre cette pratique et, après une rapide intervention de M. Strauss, l'amendement fut repoussé.

De cet examen des débats on peut tirer les considérations suivantes :

1° En ce qui concerne la représentation :

L'ouvrier est considéré comme régulièrement représenté par l'avoué commis ; il peut toutefois, s'il est malade ou blessé, c'est-à-dire hors d'état de se présenter lui-même, désigner un mandataire, conformément au droit commun, qui le représentera devant le président ; un mandataire spécial pourra également le remplacer dans les opérations postérieures à l'accord conclu en conciliation.

2° En ce qui concerne l'assistance :

Les orateurs qui ont combattu l'amendement Strauss ont tiré leur argument fondamental de ce fait que l'ouvrier, en vertu de l'article 22 de la loi de 1898, modifié par la loi du 22 mars 1902, est pourvu de l'assistance judiciaire quand il comparaît en conciliation devant le président et que, par suite, il est toujours assisté d'un avocat.

Il est permis de penser que, si le Sénat avait eu la preuve que, malgré l'assistance judiciaire, l'ouvrier n'était pas invariablement assuré du concours d'un avocat ou d'un avoué pour l'aider à discuter des questions qui ont souvent pour lui et les siens un intérêt capital, la solution adoptée aurait été toute différente.

Il ne faut pas perdre de vue, en effet, que la présence d'un conseil ouvrier n'est pas contraire au vœu du législateur, puisque le président de la commission a formellement déclaré, sans être contredit, que ce conseil pouvait être entendu en conciliation quand la victime est assistée d'un avocat. En outre, le commissaire du gouvernement a pu lire, sans soulever d'observations, le passage précité de la circulaire du 22 août 1901 relatif à la présence, aux côtés de l'ouvrier, d'un autre ouvrier exerçant ou ayant exercé la même profession.

Il résulte de ce qui précède que le législateur n'a pas voulu que l'ouvrier, parfois illettré, presque toujours ignorant de la loi et des droits qu'elle lui confère, fût exposé à se présenter seul, alors que son patron serait assisté ou représenté par un homme instruit et habile. Il paraît, au contraire, conforme au vœu de la loi que le président admette les conseils qui se présenteront aux côtés de la victime quand l'avocat ou l'avoué désigné y consentira et surtout quand il n'aura pas été possible d'assurer à l'ouvrier le concours d'un avoué ou d'un avocat en conciliation.

Mais ce magistrat ne devra pas perdre de vue les dispositions de l'article 30, §§ 4 et 5, de la loi sur les accidents du travail, qui montrent que le Parlement a entendu poursuivre, par les moyens en son pouvoir, l'exclusion absolue des agents d'affaires, dont l'influence fâcheuse tend trop souvent à déterminer l'ouvrier à accepter une indemnité insuffisante, mais convertible en capital, afin de pouvoir toucher sans tarder la rémunération de leurs mauvais offices. Il devra donc écarter rigoureusement leur ingérence en cette matière.

M. le ministre du commerce, de l'industrie et du travail, frappé du préjudice causé aux ouvriers par ces intermédiaires, m'a demandé de donner une large publicité à une affiche préparée par son département et destinée à informer les ouvriers des dispositions de l'article 30 de la loi.

Pour seconder ses vues, je vous adresse des exemplaires de cette affiche en nombre suffisant pour les tribunaux de votre ressort ; ils devront être placés de façon à frapper les regards des ouvriers victimes d'accidents se présentant en conciliation.

Mon collègue m'a, d'autre part, signalé un certain nombre d'ordonnances de conciliation dans lesquelles la mention prévue à l'article 16, § 7, de la loi sur les accidents a été omise. J'appelle tout particulièrement l'attention de MM. les présidents sur l'importance que présente l'exacte application des dispositions de l'article 16 précité.

Je vous prie de m'accuser réception de la présente circulaire dont vous aurez soin de faire parvenir un exemplaire à chacun des présidents de tribunaux de votre ressort.

---

910 — ARRÊTÉ DU 26 JUILLET 1906

relatif au tarif transitoire prévu par l'arrêté ministériel du 30 septembre 1905 sur les frais médicaux et pharmaceutiques en matière d'accidents du travail (rendu en exécution de l'article 1er de l'arrêté ministériel du 30 septembre 1905).

(*Journal officiel* du 28 juillet 1906).

Art. 1er. — Est arrêtée ainsi qu'il suit la liste des localités dans lesquelles le prix de la visite à domicile sera transitoirement élevé à 2 fr. 50 :

Alpes-Maritimes : Nice ; *Calvados :* Lisieux ; *Charente :* Angoulême ; *Eure :* Évreux, Vernon ; *Gironde* : Bordeaux ; *Hérault :* Cette ; *Isère :* Vienne ; *Loire :* Firminy, le Chambon-Feugerolles, Roche-la-Morlière, Saint-Etienne ; *Loire-Inférieure :* Nantes ; *Maine-et-Loire :* Saumur ; *Orne :* Laigle ; *Rhône :* Caluire-et-Cuire, Lyon, Oullins, Villeurbanne ; *Saône-et-Loire :* Digoin ; *Seine :* Alfortville, Asnières, Aubervilliers, Boulogne-sur-Seine, Champigny, Charenton, Clichy, Colombes, Gennevilliers, Issy-les-Moulineaux, Ivry-sur-Seine, Joinville, Levallois-Perret, le Perreux, les Lilas, Maisons-Alfort, Malakoff, Montrouge, Nanterre, Nogent-sur-Marne, Noisy-le-Sec, Pantin, Saint-Mandé, Saint-Ouen, Vanves, Villemonble, Vincennes, Vitry-sur-Seine ; *Seine-Inférieure :* le Hâvre, Rouen ; *Seine-et-Marne :* Melun ; *Seine-et-Oise :* le Raincy, le Vésinet, Mantes, Rambouillet, Versailles, Villeneuve-saint-Georges ; *Deux-Sèvres :* Thouars ; *Somme :* Amiens.

Art. 2. — Est arrêtée ainsi qu'il suit la liste des localités dans lesquelles le prix de la visite à domicile sera transitoirement réduit à 1 fr. 50 :

Aisne : Bohain, Saint-Quentin ; *Meurthe-et-Moselle :* Lunéville ; *Nord :* Anzin, Armentières, Denain, Dunkerque, Hautmont, la Madeleine-lez-Lille, le Cateau, Lille, Maubeuge, Roubaix, Tourcoing, Wattrelos ; *Pas-de-Calais :* Arras, Boulogne-sur-Mer, Hénin-Liétard, Saint-Omer.

Art. 3. — Est arrêtée ainsi qu'il suit la liste des localités dans lesquelles le prix de la visite à domicile sera transitoirement fixé à 2 fr. :

Ain : Sathonay ; *Ardennes :* Dom-le-Mesnil, Flize, Haybes ; *Aude :* Saint-Laurent-de-la-Cabrerisse ; *Drôme :* Anneyron, Bourdeaux, Montmeyran, Moras, Saint-Sorlin ; *Eure :* Broglie, Brosville, Bourth, Breteuil-sur-Iton, Charleval, Claville, Conteville, Epaignes, Francheville, Gaillon, la Croix-Saint-Leuffroy, la Ferrière-sur-Risle, Mainneville, Rugles, Sainte-Barbe-sur-Gaillon, Saint-Pierre-de-Bailleul, Tillières-sur-Avre, Verneuil ; *Eure-et-Loir :* Toury ; *Gironde :* Ambès, Cestas, Gauriac, Gradignan ; *Indre-et-Loire :* Ballan, Esvres, Fondettes, Joué-lès-Tours, Monnaie, Montbazon, Noisay, Reugny, Rochecorbon, Saint-Martin-le-Beau, Saint-Paterne, Sorigny, Veigné, Vernou-sur-Brenne, Vouvray ; *Isère :* Allevard, Barraux, Chapareillan, Crolles, Décines-Charpieu, Domène, Goncelin, le Péage-de-Roussillon, le Touvet, Meyzieux, Pont-Evêque, Saint-Ismier ; *Loire :* Maclas, Neulize, Pélussin, Saint-Martin-d'Estréaux, Saint-Symphorien-de-Lay, Villars ; *Haute-Loire :* Dunières ; *Loiret :* Arthenay, Chaingy, Chambon, Ingré, la Chapelle-Saint-Mesmin, Ligny-le-Ribault, Marcilly, Menestreau-en-Villette, Saint-Jean-de-la-Ruelle ; *Oise :* Balagny-sur-Thérain, Bury, Chantilly, Froissy, Hermes, Laigneville, Morienval, Mouy, Nogent-les-Vierges, Romy, Rully, Saint-Leu-d'Esserent, Saint-Maximin, Sacy-le-Petit, Verneuil ; *Orne :* Mortagne ; *Rhône :* Anse, Aveizes, Belleville-sur-Saône, Bron, Cublize, Denicé, Fontaines-sur-Saône, la Mulatière, Larajasse, Neuville-sur-Saône, Sainte-Colombe, Sainte-Foy-lès-Lyon, Saint-Fons, Saint-Genis-Laval, Saint-Jean-d'Ardières, Saint-Lager, Tizy, Thurins, Vaulx-en-Velin, Venissieux ; *Saône-et-Loire :* Beaubery, Bois-

Sainte-Marie, Bourbon-Lancy, Chalmont, Charolles, Chassigny-sur-Dun, Chauffailles, Chenay-le-Châtel, Ciry-le-Noble, Coublanc, Cronat, Fleury-la-Montagne, Génelard, Gibles, Gueugnon, Iguerande, Joncy, la Chapelle-sous-Dun, la Clayette, la Motte-Saint-Jean, Ligny-en-Brionnais, Marcigny, Mélay, Martigny-le-Comte, Neuvy-Grand-Champ, Oyé, Ozolles, Palinges, Paray-le-Monial, Perrecy-les-Forges, Poisson, Pouilloux, Rigny-sur-Arroux, Saint-Agnan, Saint-Bonnet-de-Cray, Saint-Bonnet-de-Joux, Saint-Christophe-en-Brionnais, Saint-Julien-de-Civry, Saint-Maurice-lez-Châteauneuf, Salorday-sur-Guye, Semur-en-Brionnais, Sanvignes, Senozan, Toulon-sur-Arroux, Uxeau, Vendenesse-sur-Arroux, Vendenesse-lès-Charolles, Verosvre ; *Savoie :* la Rochette ; *Seine :* Antony, Bry-sur-Marne, Châtillon, Créteil, Epinay, Sceaux ; *Seine-Inférieure :* Argueil, Aumale, Blangy, Croissy-sur-Andelle, Dampierre, Ferrières, Forges-les-Eaux, Foucarmont, Gaillefontaine, Gournay, la Feuillie, le Houlme, Londinières, Maromme, Neufchâtel, Réalcamp, Saint-Saëns ; *Seine-et-Marne :* Brie-Comte-Robert, Chartrettes, Cesson, Grisy, Suisnes, Ozouer-le-Voulgis ; *Seine-et-Oise :* Ablon, Andrésy, Angerville, Arpajon, Athis-Mons, Auvers-sur-Oise, Beynes, Bougival, Brunoy, Carrières-sur-Seine, Chars, Chatou, Croissy-sur-Seine, Dampierre, Dourdan, Forges-les-Bains, Garancières, Garches, Gif, Herblay, Jouy-en-Josas, la Ville-du-Bois, le Chesnay, Limours, l'Isle-Adam, Louveciennes, Mandres, Méry-sur-Oise, Montesson, Montlhéry, Mours, Neauphle-le-Château, Orsay, Orgerus, Palaiseau, Pierrelaye, Presles, Saint-Chéron, Savigny-sur-Orge, Thoiry, Vaucresson, Verrières-le-Buisson, Villiers-sur-Marne, Vigny ; *Deux-Sèvres :* Coulonges-sur-l'Autize, Mauzé-Thouarsais, Thénezay ; *Var :* Saint-Zacharie ; *Vendée :* Angles, Nieuil-sur-l'Autize, Vouvant ; *Vienne :* Bouresse, Chaunay, la Roche-Posay, Lencloître, Loudun, Lhommaizé, Saint-Léger-de-Montbrillais, Sommières-du-Clain ; *Vosges :* Vittel.

---

911. CIRCULAIRE DU GARDE DES SCEAUX
DU 4 AOUT 1906

Monsieur le Procureur général, Mon attention a été appelée sur l'interprétation erronée qui serait donnée par certains magistrats aux dispositions de l'article 16 de la loi du 9 avril 1898 modifié par la loi du 31 mars 1905, en cas d'accord entre les parties sur le caractère permanent de l'incapacité.

Ainsi que mon prédécesseur l'indiquait dans la circulaire du 29 août 1905, la loi du 31 mars précédent « ne fait plus de l'enquête et de la transmission du dossier par le juge de paix une condition préalable de la convocation à la tentative de conciliation. Elle admet, en effet, qu'à défaut de transmission du dossier d'enquête par le juge de paix, le président puisse être saisi directement par les intéressés », par la production soit de l'acte de décès de la victime, soit d'un accord écrit des parties, reconnaissant le caractère permanent de l'incapacité.

Quelques magistrats ont cru pouvoir conclure que, dans ce dernier cas, et lorsque les parties ont soumis leur accord écrit à l'homologation du président du tribunal, il n'y a plus lieu soit de procéder à l'enquête si elle n'a pas encore été commencée, soit de la poursuivre et de la terminer, si elle était déjà en cours.

Cette pratique est en contradiction avec les termes impératifs de l'article 12 de la loi du 9 avril 1898, modifié par la loi du 22 mars 1902, qui imposent au juge de paix l'obligation de procéder à une enquête dans les vingt-quatre heures de la production du certificat médical d'après les constatations duquel la blessure paraît devoir entraîner la mort ou une incapacité permanente, absolue ou partielle.

D'autre part, il ne faut pas perdre de vue que, bien qu'un accord soit intervenu entre les parties et ait été homologué par le président du tribunal, des demandes en revision pourront être ultérieurement formées à la suite de troubles internes, par exemple, dont la manifestation aura été tardive, et dont, par suite, les conséquences ne peuvent être appréciées que longtemps après l'accident.

Il importe que, pour l'examen de ces demandes, le tribunal soit exactement renseigné sur les causes et les circonstances de l'accident relatées dans des documents contemporains de l'époque à laquelle il s'est produit.

Or, il est de toute évidence que les magistrats ne pourront trouver d'éléments sérieux et certains d'appréciation que dans le dossier de l'enquête effectuée au lendemain de l'accident, alors que les souvenirs sont précis, que toutes les circonstances de l'accident peuvent être aisément relatées et mises en relief et que tous les témoins utiles sont présents et peuvent être entendus.

J'estime donc que, dans tous les cas, le juge de paix doit procéder d'une manière complète à l'enquête prescrite par l'article 12, et que le fait qu'un accord est intervenu entre les parties sur le caractère permanent de l'incapacité ne saurait le dispenser de l'obligation de remplir une formalité exigée par la loi, qui peut paraître sans intérêt sur le moment, mais qui sera d'une utilité incontestable dans l'avenir.

Je vous prie de vouloir bien m'accuser réception de la présente circulaire dont vous trouverez, sous ce pli, des exemplaires en nombre suffisant pour vos substituts et pour les juges de paix de votre ressort.

---

912 DÉCRET DU 27 SEPTEMBRE 1906

arrêtant la liste des exploitations commerciales soumises à la taxe réduite d'un centime et demi, en addition au principal des patentes, pour le fonds de garantie en matière d'accidents du travail (rendu en exécution de l'article 4 de la loi du 2 avril 1906). *Journal officiel* du 30 septembre 1906.

Art. 1er. — La liste des exploitations visées au deuxième alinéa de l'article 4 de la loi du 12 avril 1906 est arrêtée conformément au tableau annexé au présent décret.

Toutefois restent passibles, dans les conditions actuelles, de la taxe prévue par l'article 25 de la loi du 9 avril 1898 celles des professions inscrites au tableau susvisé qui, indépendamment de la revente commerciale de denrées et marchandises ou de la location d'instruments et objets divers, comportent soit l'emploi de moteurs inanimés ou la mise en œuvre de matières explosives, soit des opérations de fabrication, de confection, de réparation ou de main-d'œuvre.

Art. 2. — Les professions qui, pour l'assiette de la contribution des patentes, se trouvent classées par voie d'assimilation seront assujetties à la taxe additionnelle d'après les règles applicables à celles qui, pour le classement dont il s'agit, ont été prises comme termes de comparaison.

Art. 3. — Le Ministre du commerce, de l'industrie et du travail et le Ministre des finances sont chargés, chacun en ce qui le concerne, de l'exécution du présent décret, qui sera publié au *Journal officiel* de la République française et inséré au *Bulletin des lois*.

TABLEAU DES PROFESSIONS PASSIBLES DE LA TAXE PRÉVUE A L'ARTICLE 4, § 2, DE LA LOI DU 12 AVRIL 1906.

PROFESSIONS	TABLEAU	CLASSE ou partie de tableau
Abats (Marchand d') en gros	A	4e
Abattoir public (Adjudicataire, concessionnaire ou fermier des droits à percevoir dans un)	C	1re
Abeilles (Marchand d')	A	6e
Accouchement (Chef de maison d')	A	5e
Achats (Tenant une maison d')	A	1e
Affiloirs (Marchand d')	A	8e
Agaric (Marchand d')	A	6e
Agent d'affaires, lorsqu'il occupe plusieurs employés	A	3e
Agent d'affaires, lorsqu'il n'occupe pas plus d'un employé	A	4e
Agent de change	B	»
Agent dramatique	A	6e
Agréeur	A	4e
Aiguilles à coudre et à tricoter (Marchand d') en gros	A	1re
Aiguilles à coudre et à tricoter (Marchand d') en demi-gros)	A	2e
Aiguilles à coudre et à tricoter (Marchand d') en détail)	A	4e
Alambic (Loueur d')	A	7e
Alambics ou autres grands vaisseaux en cuivre (Marchand d')	A	4e
Albâtre (Marchand d'objets en)	A	5e
Alcool, eau-de-vie, liqueurs ou apéritifs à base d'alcool (Marchand d') en gros ou en demi-gros)	B	»
Alcool ou eau-de-vie (Marchand d') en détail	A	5e
Alevin (Marchand d')	A	7e
Allumettes chimiques (Marchand d') en gros	A	2e
Allumettes chimiques (Marchand d') en demi-gros	A	4e
Allumettes chimiques (Marchand d') en détail	A	6e
Allumettes ou amadou (Marchand d')	A	8e
Almanachs ou annuaires (Éditeur propriétaire d')	A	5e
Amidon (Marchand d') en gros	A	3e
Amidon (Marchand d') en détail	A	6e
Anatomie (Tenant un cabinet d')	A	6e
Anes (Loueur d')	A	7e
Anes (Marchand d')	A	6e
Annonces et avis divers (Entrepreneur d'insertions d')	A	6e
Appareils électriques ou à air comprimé pour les appartements (Marchand d')	A	5e
Appareils en fer ou en fonte pour le filtrage ou la clarification des eaux (Fournisseur d')	A	3e
Appareils et ustensiles pour l'éclairage au gaz (Marchand d')	A	5e
Approvisionnements de réserve constitués par les administrations de la Guerre ou de la Marine (Entrepreneur de l'entretien des)	C	5e
Approvisionneur aux halles de Paris	C	5e
Approvisionneur de navires	A	2e
Ardoises (Marchand d') en gros	A	3e
Ardoises (Marchand d') en détail	A	6e
Armes (Marchand d') en gros	A	1re
Armurier	A	5e
Assortisseur, marchand de petits coupons d'étoffes	A	6e

PROFESSIONS	TABLEAU	CLASSE ou partie de tableau
Assurances (Agent d'), ayant un ou plusieurs sous-agents ou occupant un ou plusieurs employés	A	5e
Assurances (Agent d'), ayant un ou plusieurs sous-agents ou occupant un ou plusieurs employés	A	6e
Assurances maritimes (Entrepreneur d')	B	»
Assurances non mutuelles contre l'incendie (Entreprise d')	C	1re
Assurances non mutuelles sur la vie ou contre des risques autre que l'incendie (Entreprise d')	C	1re
Assurances terrestres (Courtier d'), occupant deux ou plusieurs employés	A	4e
Assurances terrestres (Courtier d'), occupant un employé	A	5e
Attelles pour colliers de bêtes de trait (Marchand d')	A	7e
Aubergiste ou cabaretier-logeur	A	5e
Baies de genièvre (Marchand de)	A	6e
Bains de rivière en pleine eau, bains de mer ou à la lame (Entrepreneur de)	A	6e
Balais de bouleau, de bruyère ou de grand millet (Marchand de), vendant en gros	A	4e
Balais de bouleau, de bruyère ou de grand millet (Marchand de), vendant en demi-gros	A	6e
Balais de bouleau, de bruyère ou de grand millet (Marchand de), vendant en détail	A	8e
Balances (Loueur de)	A	8e
Balancier (Marchand)	A	5e
Balançons (Marchand de)	A	6e
Baleine (Marchand de brins de)	A	3e
Bals publics (Entrepreneur de)	A	5e
Bandagiste	A	6e
Banque de France, y compris ses comptoirs	C	1re
Banquier	B	»
Bardeaux (Marchand de)	A	6e
Baromètres (Marchand de)	A	6e
Barques, bateaux ou canots (Marchand de)	A	5e
Bas et bonneterie (Marchand de) en gros	A	1re
Bas et bonneterie (Marchand de) en demi-gros	A	2e
Bas et bonneterie (Marchand de) en détail	A	4e
Bascule (Maître de)	A	6e
Bascules automatiques ou autres appareils analogues (Exploitant de)	C	5e
Bazar d'articles de ménage, de bimbeloterie, etc. (Tenant un), occupant habituellement de six à dix personnes employées aux écritures, aux caisses, à la surveillance, aux achats et aux ventes intérieures ou extérieures	A	3e
Bazar d'articles de ménage, de bimbeloterie, etc. (Tenant un), n'occupant pas habituellement plus de cinq personnes employées aux écritures, aux caisses, à la surveillance, aux achats et aux ventes intérieures ou extérieures	A	6e
Bazar de voitures (Tenant)	A	3e
Bestiaux (Marchand expéditeur de)	C	5e
Beurre frais ou salé (Marchand de) en gros	A	1re
Beurre frais ou salé (Marchand de) en demi-gros	A	2e
Beurre frais ou salé (Marchand de) en détail	A	6e
Biberons (Marchand en gros de)	A	3e

PROFESSIONS	TABLEAU	CLASSE ou partie de tableau
Biberons (Marchand en détail de)	A	6e
Bière (Entrepositaire ou marchand en gros de)	A	3e
Bière ou cidre (Marchand de) en détail	A	6e
Bijoutier (Marchand) n'ayant point d'atelier	A	3e
Bijoux en faux (Marchand de) en détail	A	5e
Billard (Maître de)	A	4e
Billets de théâtre (Marchand de ou tenant une agence pour la vente des)	A	4e
Bimbeloterie commune (Marchand de) en détail	A	7e
Bimbeloterie fine (Marchand de) en détail	A	5e
Bimbelotier (Marchand) en gros	A	1re
Bimbelotier (Marchand) en demi-gros	A	3e
Bisette (Marchand de)	A	6e
Blanc de craie (Marchand de)	A	6e
Blatier avec bêtes de somme	A	6e
Blatier avec voitures	A	5e
Blondes (Marchand de) en gros	A	1re
Blondes (Marchand de) en demi-gros	A	2e
Blondes (Marchand de) en détail	A	4e
Bluteaux ou blutoirs (Marchand de)	A	6e
Bœufs (Marchand de)	A	3e
Bois à brûler (Marchand de) en gros	A	1re
Bois à brûler (Marchand de) en demi-gros	A	2e
Bois à brûler (Marchand de) en détail	A	6e
Bois à brûler (Marchand de) au petit-détail	A	8e
Bois de bateaux (Marchand de)	A	5e
Bois d'ébénisterie (Marchand de)	A	3e
Bois de boissellerie (Marchand de)	A	5e
Bois de marine ou de construction (Marchand de)	A	1re
Bois de sciage (Marchand de) en gros	A	1re
Bois de sciage (Marchand de) [celui qui ne vend qu'aux menuisiers, ébénistes, charpentiers et autres particuliers]	A	3e
Bois de teinture (Marchand de) en demi-gros	A	2e
Bois de teinture (Marchand de) en détail	A	4e
Bois de volige (Marchand de)	A	5e
Bois en grume ou de charronnage (Marchand de)	A	3e
Bois feuillard (Marchand de)	A	5e
Bois merrain (Marchand de) en gros [s'il vend par bateau ou charrette]	A	1re
Bois merrain (Marchand de) en détail	A	6e
Bois ou écorces de bois pour tan (Marchand de)	A	4e
Boiseries (Marchand de vieilles)	A	6e
Boisselier (Marchand) en gros	A	4e
Boisselier (Marchand) en détail	A	6e
Bonbons et confiseries (Revendeur de)	A	7e
Bottes remontées (Marchand de)	A	7e
Bottier ou cordonnier (Marchand) [celui qui tient magasin de chaussures]	A	4e
Bottier ou cordonnier, tenant magasin de chaussures communes sans assortiment	A	6e
Boucher à la cheville	A	5e
Bouchons (Marchand de) en gros	A	1re
Bouchons (Marchand de) en demi-gros	A	3e
Bouchons (Marchand de) en détail	A	6e

PROFESSIONS	TABLEAU	CLASSE ou partie de tableau
Bouclerie (Marchand de)	A	5e
Bougies de cire, stéarine, paraffine, etc. (Marchand de)	A	5e
Bouillon et bœuf cuit (Marchand de)	A	6e
Bouquetière (Marchande)	A	7e
Bouquiniste	A	7e
Bourre de soie, déchets de soie ou débris de cocons (Marchand de)	A	5e
Bourre ou déchets de tannerie (Marchand de)	A	7e
Bourrelets d'enfants (Marchand de)	A	7e
Bouteilles de verre (Marchand de) en gros	A	2e
Bouteilles de verre (Marchand de) en détail	A	5e
Boutons (Marchand de) en gros	A	2e
Boutons (Marchand de) en demi-gros)	A	4e
Boutons (Marchand de) en détail	A	6e
Bretelles ou jarretières (Marchand de)	A	6e
Briques (Marchand de)	A	6e
Briquets phosphoriques et autres (Marchand de)	A	7e
Brocanteur en boutique ou magasin	A	5e
Brocanteur dans les ventes, sans boutique ni magasin	A	7e
Brocanteur d'habits en boutique	A	6e
Brocanteur d'habits sans boutique	A	8e
Broderies (Marchand de), vendant en gros	A	3e
Broderies (Marchand de), vendant en demi-gros	A	4e
Broderies (Marchand de), vendant en détail	A	5e
Brossier (Marchand) en gros	A	3e
Brossier (Marchand) en détail	A	6e
Bruyère (Marchand de racines de)	A	6e
Buffet dans l'intérieur d'une gare de chemin de fer (Exploitant un	C	3e
Buffletier (Marchand)	A	6e
Buis ou racines de buis (Marchand de)	A	6e
Bureau (Marchand de menues fournitures de)	A	6e
Bureau de distribution d'imprimés, de cartes de visite, annonces, etc. (Entrepreneur d'un)	A	5e
Bureau de placement (Tenant un)	A	7e
Bureau d'indication pour la vente ou la location des propriétés, bureau de renseignements divers (Tenant un)	A	5e
Bustes et figures en plâtre ou en terre (Marchand de)	A	6e
Cabaretier	A	6e
Cabaretier ou marchand de bière ou de cidre en détail, ayant billard	A	5e
Cabas (Marchand de) en gros	A	4e
Cabinet de figures en cire (Tenant un)	A	7e
Cabinet de lecture (Tenant un), où l'on donne à lire les journaux et les nouveautés littéraires	A	6e
Cabinet de lecture, où l'on donne à lire les journaux seulement (Tenant un)	A	7e
Cabinet particulier de tableaux, d'objets d'histoire naturelle ou d'antiquités (Tenant un)	A	7e
Cabinets d'aisances publics (Tenant)	A	6e
Cachemires de l'Inde (Marchand de)	A	1er
Cadres pour glaces et tableaux (Marchand de)	A	6e
Café-chantant, café-concert, café-spectacle (Exploitant de)		

PROFESSIONS	TABLEAU	CLASSE ou partie de tableau
à entrée payante ou à entrée libre, avec places et prix distincts	A	1re
Café-chantant, café-concert, café-spectacle (Exploitant de) à entrée libre, sans places et prix distincts	A	3e
Café-crémerie ou restaurant-crémerie (Tenant un)	A	6e
Café en grains, moulu, torréfié où de chicorée (Marchand de) en gros	A	1re
Café en grains, moulu, torréfié ou de chicorée (Marchand de) en demi-gros	A	2e
Café en grains, moulu, torréfié ou de chicorée (Marchand de) en détail	A	6e
Café tout préparé (Débitant de)	A	8e
Cafetier	A	4e
Cafetières, bouillottes, marabouts (Marchand de)	A	6e
Cages, souricières ou tournettes (Marchand de)	A	8e
Caisse ou comptoir d'avances ou de prêts, de recettes ou de payements (Tenant)	B	»
Caisse ou comptoir de bons ou coupons commerciaux, ou de bons ou coupons d'escompte, d'épargne, de crédit ou de capitalisation (Tenant)	B	»
Caisse ou comptoir pour opérations sur les valeurs (Tenant)	B	»
Cannes (Marchand de), ayant boutique ou magasin	A	6e
Cantiniers dans les prisons, hospices et autres établissements publics	A	6e
Caoutchouc, celluloïd, gutta-percha ou autres matières analogues (Marchand d'objets confectionnés ou d'étoffes garnies en)	A	4e
Caractères mobiles en bois ou en terre cuite (Marchand de)	A	7e
Carreaux à carreler (Marchand de)	A	6e
Cartes à jouer (Marchand de)	A	6e
Cartes de géographie (Marchand de)	A	6e
Carton en pâte ou en feuilles (Marchand de)	A	6e
Cartonnage fin (Marchand de)	A	5e
Casino (Exploitant de)	C	1re
Casquettes, toques, bonnets carrés et autres (Marchand de)	A	6e
Castine (Marchand de)	A	8e
Cendres ordinaires (Marchand de)	A	7e
Cercles ou cerceaux (Marchand de)	A	6e
Cercles ou sociétés (Fournisseur des objets de consommation dans les)	A	5e
Cercles ou sociétés littéraires (Entrepreneur d'établissements pour les)	A	4e
Chaînes de fil, laine ou coton préparées pour la fabrication des tissus (Marchand de)	A	6e
Chaises (Loueur de)	C	5e
Chaises communes (Marchand de)	A	8e
Chaises fines (Marchand de)	A	6e
Châles (Marchand de) en gros	A	1re
Châles (Marchand de) en détail	A	3e
Chalets de nécessité établis sur la voie publique (Concessionnaire ou exploitant de)	B	»
Chandelles (Marchand de) en détail	A	6e
Changeur de monnaies	A	1re

PROFESSIONS	TABLEAU	CLASSE ou partie de tableau
Chapeaux (Marchand de vieux)	A	8e
Chapeaux de feutre, de soie ou de paille (Marchand de) en gros	A	1re
Chapeaux de feutre, de soie ou de paille (Marchand de) en demi-gros	A	2e
Chapeaux de paille (Marchand de) en détail)	A	5e
Chapelets (Marchand de)	A	7e
Chapelier en fin	A	5e
Chapelier en grosse chapellerie	A	6e
Chapellerie (Marchand de matières premières pour la)	A	1re
Chapellerie (Marchand de fournitures pour la)	A	5e
Charbon artificiel ou briques combustibles (Marchand de) au petit détail	A	8e
Charbon de bois (Marchand de) en gros	A	1re
Charbon de bois (Marchand de) en demi-gros	A	5e
Charbon de bois (Marchand de) en détail	A	8e
Charbon de terre épuré ou non, aggloméré ou non (Marchand de) en gros	A	1re
Charbon de terre épuré ou non, aggloméré ou non (Marchand de) en demi-gros	A	2e
Charbon de terre, épuré ou non, aggloméré ou non (Marchand de) en détail	A	5e
Charbon de terre épuré ou non, aggloméré ou non (Marchand de) au petit détail	A	8e
Charbonnier voiturier	A	8e
Charcutier revendeur	A	6e
Chardons pour le cardage (Marchand de) en gros	A	3e
Chasubles ou autres ornements d'église (Marchand de)	A	4e
Chaussons de lisière, pantoufles ou sandales (Marchand de) en gros	A	4e
Chaussons de lisière et autres ou sandales (Marchand de) en détail	A	7e
Chaussures (Marchand de) en gros	A	1re
Chaux (Marchand de)	A	6e
Cheminées dites économiques (Marchand de)	A	6e
Chevaux (Courtier de)	A	7e
Chevaux (Loueur de)	A	5e
Chevaux (Marchand de)	A	4e
Chevaux (Tenant pension de)	A	5e
Cheveux (Marchand de) en gros	A	2e
Cheveux (Marchand de) en demi-gros	A	3e
Cheveux (Marchand de) en détail	A	5e
Chèvres et chevreaux (Marchand de)	A	7e
Chiens (Marchand de)	A	6e
Chiffonnier (Marchand) en gros	A	1re
Chiffonnier (Marchand) en demi-gros	A	5e
Chiffonnier en détail	A	7e
Chocolat (Marchand de) en gros	A	3e
Chocolat, bonbons ou menue confiserie (Marchand de) en détail	A	5e
Cidre (Marchand de) en gros, vendant principalement par pièces, soit aux marchands, soit aux cabaretiers, soit aux consommateurs	B	»
Cierges en stéarine (Marchand de)	A	5e

PROFESSIONS	TABLEAU	CLASSE ou partie de tableau
Cimentier (Marchand) [celui qui vend des mastics et ciments qu'il n'a point fabriqués]	A	6e
Cirage ou encaustique (Marchand de)	A	7e
Cirier (Marchand)	A	4e
Cloches de toute dimension (Marchand de)	A	5e
Cloutier (Marchand) en gros	A	1re
Cloutier (Marchand) en demi-gros	A	2e
Cloutier (Marchand) en détail	A	5e
Cochons (Marchand de)	A	4e
Cocons (Marchand de)	A	4e
Coiffes de femmes (Marchande de)	A	7e
Colle de pâte (Marchand de)	A	7e
Colliers de chiens (Marchand de)	A	7e
Cols, collets, cravates ou rabats (Marchand de) en gros	A	3e
Cols, collets, cravates ou rabats (Marchand de) en détail	A	6e
Comestibles (Marchand de)	A	3e
Commis-voyageur étranger (s'il est passible de patente)	»	»
Commissionnaire accrédité près la douane)	A	6e
Commissionnaire au Mont-de-Piété	A	4e
Commissionnaire en marchandises, lorsqu'il s'entremet seulement pour la vente aux marchands détaillants et aux consommateurs	A	4e
Commissionnaire en marchandises	B	»
Commissionnaire pour l'acquit des droits de douane et de fret au départ ou à l'arrivée des navires	A	6e
Concerts publics (Entrepreneur de)	C	5e
Conserves alimentaires (Marchand de) en gros	A	1re
Conserves alimentaires (Marchand de) en demi-gros	A	2e
Conserves alimentaires (Marchand de) en détail	A	3e
Convois mortuaires et pompes funèbres (Tenant une agence pour le règlement des)	A	4e
Coquetier avec voiture	A	6e
Coquetier avec bête de somme	A	7e
Coquetier sans voiture ni bête de somme	A	8e
Coraux bruts (Marchand de)	A	3e
Cordier (Marchand)	A	6e
Cordier, marchand de câbles et cordages pour la marine ou la navigation intérieure	A	4e
Cornes brutes (Marchand de)	A	5e
Corsets (Marchand de), vendant en gros	A	3e
Corsets (Marchand de), vendant en demi-gros	A	5e
Corsets (Marchand de), vendant en détail	A	6e
Cosmétiques et pommades au petit détail (Marchand de)	A	7e
Cosmorama (Directeur de)	A	6e
Coton cardé ou gommé (Marchand de)	A	7e
Coton en laine (Marchand de) en gros	A	1re
Coton filé (Marchand de) en gros	A	1re
Coton filé (Marchand de) en demi-gros	A	2e
Coton filé (Marchand de) en détail	A	4e
Cotrets sur bateaux (Marchand de)	A	4e
Couleurs, vernis et droguerie à l'usage des peintres (Marchand de) en détail	A	4e
Couronnes ou ornements funéraires (Marchand de) vendant en gros	A	2e

PROFESSIONS	TABLEAU	CLASSE ou partie de tableau
Couronnes ou ornements funéraires (Marchand de) vendant en demi-gros	A	4e
Couronnes ou ornements funéraires (Marchand de) vendant en détail	A	6e
Courses quelconques (Entrepreneur d'établissement pour des)	A	3e
Courtier d'assurances	B	»
Courtier de bestiaux	A	7e
Courtier de fret pour la navigation intérieure, lorsqu'il n'occupe pas plus d'un employé	A	2e
Courtier de fret pour la navigation maritime ou intérieure.	B	»
Courtier de marchandises, facteur de denrées et marchandises. (Opérations en gros)	A	3e
Courtier de marchandises, facteur de denrées et marchandises, (Vente aux marchands détaillants et aux consommateurs)	A	5e
Courtier de mouture	A	7e
Courtier de navires	B	»
Courtier de produits alimentaires ou agricoles	A	6e
Courtier en essences	A	6e
Courtier en grains	A	7e
Courtier en soie	A	6e
Courtier-gourmet-piqueur de boissons	A	6e
Coutelier (Marchand)	A	5e
Coutellerie (Marchand de) en gros	A	1re
Coutellerie (Marchand de) en demi-gros	A	2e
Couverts et autres objets en fer battu ou étamé (Marchand de) en gros	A	4e
Couverts et autres objets en fer battu ou étamé (Marchand de) en détail	A	6e
Couvertures de soie, bourre, laine, coton, etc. (Marchand de)	A	4e
Crayons (Marchand de)	A	6e
Crémier-glacier	A	5e
Crémier ou laitier	A	7e
Crépins (Marchand de)	A	6e
Crics (Marchand de)	A	5e
Crin frisé (Marchand de) en gros	A	1re
Crin frisé (Marchand de) en demi-gros	A	2e
Crin frisé (Marchand de) en détail	A	4e
Crins plats (Marchand de)	A	6e
Cuir bouilli et verni (Marchand d'objets en)	A	6e
Cuirs en vert étrangers (Marchand de) en gros	A	1re
Cuirs en vert du pays (Marchand de) en gros	A	3e
Cuirs ou pierres à rasoirs (Marchand de)	A	6e
Cuirs tannés, corroyés, lissés, vernissés (Marchand de) en gros	A	1re
Cuirs tannés, corroyés, lissés, vernissés (Marchand de) en demi-gros	A	2e
Cuirs tannés, corroyés, lissés, vernissés (Marchand de) en détail	A	4e
Cuivre de navire (Marchand de vieux)	A	6e
Cuivre vieux (Marchand de)	A	7e
Curiosité (Marchand d'objets de)	A	5e

PROFESSIONS	TABLEAU	CLASSE ou partie de tableau
Dalles (Marchand de)	A	6e
Déchets de laine, de coton ou de lin (Marchand de) en gros	A	1re
Déchets de laine, de coton ou de lin (Marchand de) en demi-gros	A	5e
Déchets de laine, de coton ou de lin (Marchand de) en détail	A	7e
Décors et ornements d'architecture (Marchand de)	A	4e
Dégras (Marchand de) vendant en gros	A	3e
Dégras (Marchand de) vendant en détail	A	7e
Denrées coloniales (Marchand de) en gros	A	1re
Dentelles (Marchand de) vendaut en gros	A	3e
Dentelles (Marchand de) vendant en demi-gros)	A	4e
Dentelles (Marchand de) vendant en détail	A	5e
Dents et rateliers artificiels (Marchand de)	A	5e
Diamants ou pierres fines (Marchand de)	B	»
Diorama, panorama, néorama, géorama (Directeur de)	A	2e
Dorures pour passementeries (Marchand de	A	4e
Drêche ou marc de l'orge qui a servi à faire la bière (Marchand de)	A	6e
Droguiste (Marchand) en gros	A	1re
Droguiste (Marchand) en demi-gros	A	2e
Droguiste (Marchand) en détail	A	3e
Eaux gazeuses, eaux minérales naturelles ou factices, ou limonades gazeuses (Marchand d')	A	4e
Écailles d'ables ou ablettes (Marchand d')	A	7e
Échalas ou bois d'échalas (Marchand d') [Celui qui vend par bateau, par wagons, ou par quantités équivalentes ou supérieures]	A	1re
Échalas (Marchand d') [Celui qui vend par voiture ou par quantités équivalentes]	A	5e
Échalas (Marchand d') en détail	A	7e
Échelles, fourches, râteaux et râteliers (Marchand d')	A	7e
Éclairage à l'huile (Entrepreneur d')	C	5e
Éclairage à l'huile pour le compte des particuliers (Entrepreneur d')	A	5e
Écritures (Entrepreneur d')	A	7e
Électricité (Marchand d'appareils, ustensiles et fournitures pour l'emploi de l'), ayant boutique ou magasin	A	4e
Émeri et rouge à polir (Marchand d')	A	8e
Encre à écrire (Marchand d'), vendant en gros	A	3e
Encre à écrire (Marchand d'), vendant en détail	A	6e
Encriers perfectionnés (siphoïde, pompe, inoxydable, etc.) (Marchand d')	A	4e
Engrais ou amendements (Marchand d') en gros	A	3e
Engrais ou amendements (Marchand d') en détail	A	6e
Enjoliveur (Marchand)	A	6e
Épicerie (Marchand d') en gros	A	1re
Épicerie (Marchand d') en demi-gros	A	2e
Épicerie (Marchand d') en détail	A	5e
Épicier regrattier	A	7e
Épingles (Marchand d') en gros	A	1re
Épingles (Marchand d') en demi-gros	A	2e
Éponges (Marchand d') en gros	A	3e
Éponges (Marchand d') en détail	A	5e

PROFESSIONS	TABLEAU	CLASSE ou partie de tableau
Équipement militaire (Marchand d'objets d')	A	3e
Équitation (Fournisseur du personnel et des chevaux nécessaires pour l'enseignement de l')	A	5e
Escargots (Marchand d') en gros, ayant un parc	A	6e
Escargots (Marchand d')	A	7e
Escompteur	A	1re
Essences ou eaux parfumées ou médicinales (Marchand d') en gros	A	1re
Essences ou eaux parfumées ou médicinales (Marchand d') en demi-gros	A	2e
Essences ou eaux parfumées ou médicinales (Marchand d') en détail	A	5e
Estaminet (Maître d')	A	4e
Estampes, gravures ou photographies (Marchand d')	A	6e
Étoupe (Marchand d') pour le calfatage des navires	A	8e
Étuis et sacs de papier (Marchand d')	A	8e
Facteur aux marchés aux bestiaux destinés à l'approvisionnement de Paris	B	»
Facteur de fabrique	A	6e
Fagots et bourrées (Marchand de), vendant par voiture	A	6e
Fagots et bourrées (Marchand de), vendant au fagot	A	8e
Faïence (Marchand de) en gros	A	1re
Faïence (Marchand de) en demi-gros	A	4e
Faïence (Marchand de) en détail	A	6e
Faînes (Marchand de)	A	8e
Fanons ou barbes de baleine (Marchand de, en gros	A	1re
Fanons ou barbes de baleine (Marchand de) en demi-gros	A	2e
Farines (Marchand de) en gros	A	1re
Farines (Marchand de) en demi-gros	A	4e
Farines (Marchand de) en détail	A	6e
Fécules (Marchand de) en gros	A	3e
Fécules (Marchand de) en détail	A	6e
Fer en barre ou fonte de fer (Marchand de) en gros	A	1re
Fer en barre ou fonte de fer (Marchand de) en demi-gros	A	3e
Fer en barre ou fonte de fer (Marchand de) en détail	A	4e
Fer vieux (Marchand de) en gros	A	4e
Ferrailleur	A	7e
Ferronnerie (Marchand de) en détail	A	5e
Feuilles de blé de Turquie (Marchand de)	A	8e
Feuilles de cuivre imitant l'or battu (Marchand de)	A	6e
Feutre (Marchand de) pour la papeterie, le doublage des navires, plateaux vernis, etc.	A	6e
Fil de fer ou de laiton (Marchand de) en gros	A	1re
Fil de fer ou de laiton (Marchand de) en demi-gros	A	2e
Fil de fer ou de laiton (Marchand de) en détail	A	4e
Filets, gants, mitaines, résilles ou autres ouvrages à mailles (Marchand de) vendant en gros	A	3e
Filets, gants, mitaines, résilles ou autres ouvrages à mailles (Marchand de) vendant en demi-gros	A	4e
Filets, gants, mitaines, résilles ou autres ouvrages à mailles (Marchand de) vendant en détail	A	7e
Filotier	A	6e
Fleurets et filoselle (Marchand de) en gros	A	1re
Fleurets et filoselle (Marchand de) en demi-gros	A	2e

PROFESSIONS	TABLEAU	CLASSE ou partie de tableau
Fleurets et filoselle (Marchand de) en détail	A	4e
Fleurs artificielles (Marchand de), vendant en gros	A	2e
Fleurs artificielles (Marchand de), vendant en demi-gros	A	4e
Fleurs artificielles (Marchand de), vendant en détail	A	5e
Fleurs artificielles, feuillages, etc. (Marchand de tissus spéciaux apprêtés ou d'étoffes pour)	A	2e
Fleurs artificielles, feuillages, etc. (Marchand d'apprêts, autres que les tissus spéciaux et les étoffes, pour)	A	6e
Fleurs d'oranger (Marchand de)	A	6e
Fleurs naturelles ou plantes d'ornement (Loueur de)	A	8e
Fleurs naturelles ou plantes d'ornement (Marchand de) en gros	A	4e
Fleurs naturelles ou plantes d'ornement (Marchand et entrepreneur de la fourniture ou de la location de)	A	4e
Fleurs naturelles ou plantes d'ornement (Marchand de) en détail	A	6e
Fontaines à filtrer (Marchand de)	A	6e
Fontaines en grès, à sable (Marchand de)	A	7e
Fontaines publiques (Fermier de)	C	5e
Fonte ouvragée (Marchand de	A	4e
Fouets, cravaches (Marchand de)	A	7e
Fourneaux potagers (Marchand de)	A	6e
Fournisseur de fourrages aux troupes ou dans les dépôts nationaux d'étalons	C	2e
Fournisseur de la paille pour le couchage des troupes	C	2e
Fournisseur de vivres ou subsistances, de chauffage, d'éclairage, etc., aux troupes de terre ou de mer, dans les hospices civils ou militaires ou autres établissements publics	C	2e
Fournisseur d'objets concernant le grand et le petit équipement, l'habillement, la remonte, le harnachement, le campement, etc., des troupes de terre et de mer, lorsqu'il n'est pas fabricant de ces objets	C	1re
Fournisseur général dans les prisons ou dépôts de mendicité	C	5e
Fourrage (Débitant de) à la botte ou en petite partie, au poids	A	6e
Fourrages (Marchand de) par charrette ou voiture	A	5e
Fourrages (Marchand expéditeur de), celui qui vend par bateau ou par wagon	C	5e
Fourrures (Marchand de) en gros	A	1re
Fourrures (Marchand de) en demi-gros	A	2e
Fourrures (Marchand de) en détail	A	4e
Frangier (Marchand)	A	5e
Fretin (Marchand de)	A	7e
Fripier	A	6e
Fromages de pâte grasse (Marchand de), vendant en gros	A	1re
Fromages de pâte grasse (Marchand de), vendant en demi-gros	A	4e
Fromages de pâte grasse (Marchand de), vendant en détail	A	6e
Fromages secs (Marchand de) en gros	A	1re
Fromages secs (Marchand de) en demi-gros	A	4e
Fromages secs (Marchand de) en détail	A	6e
Fruitier	A	7e

PROFESSIONS	TABLEAU	CLASSE ou partie de tableau
Fruitier-oranger	A	6e
Fruits, légumes frais, champignons et autres comestibles analogues (Marchand expéditeur de)	C	5e
Fruits ou légumes (Marchand de), vendant par panier	A	6e
Fruits secs (Marchand de) en gros	A	1re
Fruits secs (Marchand de) en demi-gros	A	3e
Fruits secs (Marchand de) en détail	A	6e
Fruits secs pour boisson (Marchand de)	A	6e
Galettes, gaufres, brioches et gâteaux (Marchand de)	A	7e
Galonnier (Marchand)	A	5e
Gants (Marchand de) en gros	A	3e
Gants (Marchand de) en détail	A	5e
Garde-robes inodores (Marchand de)	A	6e
Gargotier	A	7e
Garnitures de parapluies et cannes, tels que bouts, anneaux, crosses, manches, couvertures taillées, montures au carcasses, etc. (Marchand de)	A	5e
Gaules ou perches (Marchand de)	A	7e
Glace, eau congelée (Marchand de)	A	6e
Glaces (Marchand de) en gros	A	1re
Glaces (Marchand de) en demi-gros	A	2e
Glaces (Marchand de) en détail	A	5e
Glacier	A	5e
Glacier-limonadier	A	3e
Glacières (Maître de)	C	2e
Globes terrestres et célestes (Marchand de)	A	6e
Graine de moutarde blanche (Marchand de)	A	6e
Graine de vers à soie (Marchand de) en gros	A	1re
Graine de vers à soie (Marchand de) en demi-gros	A	3e
Graine de vers à soie (Marchand de) en détail	A	6e
Graines fourragères, oléagineuses et autres (Marchand de) en gros	A	1re
Graines fourragères, oléagineuses et autres (Marchand de) en demi-gros	A	4e
Graines fourragères, oléagineuses et autres (Marchand de) en détail	A	7e
Grainetier-fleuriste (Marchand) en gros	A	4e
Grainetier-fleuriste en détail	A	6e
Grainier ou grainetier	A	7e
Grains (Marchand de) en gros	A	1re
Grains (Marchand de) en demi-gros	A	4e
Grains et graines (Marchand de) en détail	A	6e
Gymnase (Maître de)	A	5e
Halles, marchés ou emplacements sur les places publiques (Adjudicataire, concessionnaire ou fermier des droits de)	C	5e
Harpes (marchand de) ayant boutique ou magasin	A	3e
Herboriste (Marchand) en gros	A	4e
Herboriste-droguiste	A	6e
Herboriste ne vendant que des plantes médicinales fraîches ou sèches	A	7e
Histoire naturelle (Marchand d'objets d')	A	6e
Horloger	A	3e
Horlogerie (Marchand de fournitures d')	A	4e
Horlogerie (Marchand en gros de pièces d')	A	1re

PROFESSIONS	TABLEAU	CLASSE ou partie de tableau
Horloges en bois (Marchand d')	A	7e
Hôtel (Maître d')	A	3e
Hotel garni (Maître d') louant à la semaine, à la quinzaine ou au mois	A	4e
Houblon (Marchand de) en gros	A	1re
Houblon (Marchand de) en demi-gros	A	4e
Housses et autres articles anologues pour les bourreliers et les selliers (Marchand de)	A	3e
Huiles (Marchand d') en gros	A	1re
Huiles (Marchand d') en demi-gros	A	2e
Huiles (Marchand d') en détail	A	5e
Huîtres (Marchand d') vendant à des expéditeurs ou à des marchands, faisant des envois sur commande ou expédiant pour son compte	C	3e
Huîtres (Marchand d') pour la consommation locale, vendant habituellement par bourriche ou par panier, aux détaillants, aux restaurateurs, aux aubergistes, aux traiteurs, aux cafetiers	A	5e
Huitres (Marchand d') pour la consommation locale)	A	7e
Hydromel (Marchand d')	A	3e
Images (Marchand d')	A	6e
Imprimerie (Marchand de presses, caractères et ustensiles d')	A	3e
Infirmerie d'animaux (Tenant une)	A	6e
Instruments aratoires (Marchand d')	A	6e
Instruments de chirurgie en métal (Marchand d')	A	5e
Instruments de musique (Marchand d'), celui qui vend à d'autres marchands ou fait des envois sur commande	A	3e
Instruments de musique à vent, en bois ou en cuivre (Marchand d')	A	5e
Instruments de musique en cuivre (Marchand de pièces d')	A	6e
Instruments pour les sciences (Marchand d') ayant boutique ou magasin	A	4e
Ivoire (Marchand d'objets en)	A	5e
Jais ou jaïet (Marchand d'objets en)	A	6e
Jardin public (Tenant un)	A	4e
Jaugeage, mesurage ou pesage (Adjudicataire, concessionnaire ou fermier des droits de)	C	5e
Jeu de paume (Maître de)	A	5e
Jeux et amusements publics, tels que jeux de quilles ou de mail, manège à chevaux de bois, billard anglais, etc. (Maître de)	A	6e
Jeux et amusements publics, tels que tirs, arènes, tournants, massacres, loteries, panoramas optiques, photographies, cabinets de curiosités, phénomènes et autres attractions, jeux de force, d'adresse ou de hasard, etc.) (Exploitant un établissement forain de)	C	5e
Joaillier (Marchand), n'ayant point d'atelier	A	3e
Kaolin, pétunzé, manganèse (Marchand de)	A	6e
Laine brute ou lavée (Marchand de) en gros	A	1re
Laine brute ou lavée (Marchand de) en détail	A	4e
Laine de bois ou fibre de bois (Marchand de) en gros	A	3e
Laine de bois ou fibre de bois (Marchand de) en détail	A	8e
Laine filée ou peignée (Marchand de) en gros	A	1re

PROFESSIONS	TABLEAU	CLASSE ou partie de tableau
Laine filée ou peignée (Marchand de) en demi-gros	A	2e
Laine filée ou peignée (Marchand de) en détail	A	4e
Lait (Marchand expéditeur de)	A	1re
Lait (Marchand de) en gros	A	4e
Lait d'ânesse (Marchand de)	A	7e
Lapidaire en pierres fausses (Marchand)	A	5e
Lattes (Marchand de) en gros	A	3e
Lattes (Marchand de) en détail	A	6e
Layettes d'enfants (Marchand de)	A	7e
Légumes frais, champignons et autres comestibles analogues (Marchand de) en gros	A	4e
Légumes secs (Marchand de) en gros	A	1re
Légumes secs (Marchand de) en demi-gros	A	4e
Légumes secs (Marchand de) en détail	A	7e
Levure ou levain (Marchand de)	A	6e
Libraire-éditeur	A	3e
Libraire non éditeur	A	5e
Librairie (Agent de)	A	7e
Lie de vin (Marchand de)	A	7e
Liège brut (Marchand de) en gros	A	1re
Liège brut (Marchand de) en détail	A	5e
Liens de paille, d'écorce, etc. (Marchand de)	A	7e
Limailles (Marchand de)	A	8e
Limonadier non glacier	A	4e
Lin ou chanvre brut ou filé (Marchand de) en gros	A	1re
Lin ou chanvre brut ou filé (Marchand de) en demi-gros	A	2e
Lin ou chanvre brut (Marchand de) en détail	A	6e
Lin ou chanvre filé (Marchand de) en détail	A	4e
Linge (Marchand de vieux)	A	7e
Linge de table et de ménage, objets d'ameublement ou de literie (Loueur de)	A	6e
Linger (Fournisseur)	A	2e
Linger (Marchand) vendant en gros	A	2e
Linger (Marchand) vendant en demi-gros	A	4e
Linger (Marchand) vendant en détail	A	6e
Liqueurs (Marchand de) en détail	A	4e
Liqueurs et eaux-de-vie (Débitant de)	A	7e
Literie (Marchand d'articles ou fournitures de) en détail	A	3e
Lithochromies (Marchand de)	A	6e
Lithographies (Marchand de)	A	6e
Lithophanies (Marchand de)	A	6e
Location de baraques et baraquements (Entrepreneur de)	A	4e
Logeur	A	7e
Logeur de bestiaux, de chevaux et autres bêtes de somme	A	7e
Loueur d'abris sur les marchés	A	8e
Loueur d'échafaudages	A	6e
Loueur de livres	A	7e
Loueur de tableaux et dessins	A	6e
Lunetier (Marchand)	A	5e
Lustres (Marchand de)	A	4e
Lutherie (Marchand de pièces de)	A	5e
Machines agricoles (Loueur de)	A	7e
Machines agricoles (Marchand de)	A	4e

PROFESSIONS	TABLEAU	CLASSE ou partie de tableau
Machines à coudre, à piquer, à broder, à plisser, à écrire et autres machines analogues (Marchand de) en gros	A	2e
Machines à coudre, à piquer, à broder, à plisser, à écrire et autres machines analogues (Marchand de) en demi-gros	A	3e
Machines à coudre, à piquer, à broder, à plisser, à écrire et autres machines analogues (Marchand de) en détail	A	5e
Machines-outils, grandes machines, matériel industriel ou d'entrepreneur (Marchand de)	A	2e
Machines-outils, grandes machines, matériel industriel ou d'entrepreneur, d'occasion (Marchand de)	A	3e
Magasin de plusieurs espèces de marchandises (Tenant un) lorsqu'il occupe habituellement plus de dix personnes employées aux écritures, aux caisses, à la surveillance, aux achats et aux ventes intérieures ou extérieures	B	»
Magasin pour la vente en demi-gros ou aux particuliers de vêtements confectionnés (Tenant un) lorsqu'il occupe habituellement plus de dix personnes employées aux écritures, aux caisses, à la surveillance, aux achats et aux ventes intérieures ou extérieures	B	»
Magasin pour la vente en demi-gros ou en détail de quincaillerie, de ferronnerie et d'articles de ménage (Tenant un) lorsqu'il occupe habituellement plus de dix personnes employées aux écritures, aux caisses, à la surveillance, aux achats et aux ventes intérieures ou extérieures	B	»
Magasin pour la vente en demi-gros ou en détail d'épiceries, liqueurs et conserves (Tenant un) lorsqu'il occupe habituellement plus de dix personnes employées aux écritures, aux caisses, à la surveillance, aux achats et aux ventes intérieures ou extérieures	B	»
Maillechort et autres compositions métalliques (Marchand en gros d'objets en	A	4e
Maillechort et autres compositions métalliques (Marchand d'objets en (en détail	A	6e
Maison de séjour pendant les pélerinages, retraites, etc. (Tenant une)	A	3e
Maison particulière de retraite (Tenant une)	C	3e
Maison particulière de santé (Tenant une)	C	3e
Maître placeur de bestiaux sur les marchés	A	7e
Mandataire aux halles de Paris	B	»
Manège d'équitation (Tenant un)	A	4e
Marbre (Marchand de) en gros	A	3e
Marbre factice (Marchand d'objets en)	A	6e
Marc d'olives Marchand de)	A	3e
Marchand forain	C	1re
Marchand forain sur bateau	C	1re
Mareyeur expéditeur	C	3e
Margarine ou autres produits analogues (Marchand de) en gros	A	1re
Margarine ou autres produits analogues (Marchand de) en demi-gros	A	2e
Margarine ou autres produits analogues (Marchand de) en détail	A	6e

PROFESSIONS	TABLEAU	CLASSE ou partie de tableau
Maroquinerie (Marchand de) en gros	A	1re
Maroquinerie (Marchand de) en demi-gros	A	2e
Maroquinerie (Marchand de) en détail	A	4e
Marrons et châtaignes (Marchand de) en gros	A	5e
Marrons et châtaignes (Marchand de) en détail	A	8e
Masques (Marchand de)	A	6e
Matériaux (Marchand de vieux)	A	6e
Matériaux de construction (Marchand de)	A	3e
Matières premières pour la fabrication de la bière (Marchand de) en détail	A	6e
Mèches (Marchand de)	A	6e
Ménagerie foraine (Directeur de)	C	5e
Meneur de nourrices	A	7e
Mercerie (Marchand de) en gros	A	1re
Mercerie (Marchand de) en demi-gros	A	2e
Mercerie (Marchand de) en détail	A	4e
Mercerie (Marchand de menue)	A	6e
Métaux (Marchand en gros de) autres que l'or, l'argent, le platine, le fer en barre ou la fonte	A	1re
Métaux (Marchand en demi-gros de) autres que l'or, l'argent, le platine, le fer en barre ou la fonte	A	2e
Métaux (Marchand en détail de) autres que l'or, l'argent, le platine, le fer en barre ou la fonte	A	4e
Meubles (Marchand de)	A	5e
Meubles et outils d'occasion (Marchand de)	A	6e
Meules à aiguiser (Marchand de)	A	5e
Meules de moulin (Marchand de)	A	5e
Miel et cire brute (Marchand de) en gros	A	1re
Miel et cire brute (Marchand de) en détail	A	4e
Mine de plomb (Marchand de) en gros	A	1re
Mine de plomb (Marchand de) en détail	A	5e
Minerai de fer, d'étain ou de zinc (Marchand de)	A	5e
Modes (Marchand de)	A	3e
Mosaïques (Marchand de)	A	6e
Mottes à brûler (Marchand de)	A	8e
Moules en bois pour la passementerie (Marchand de)	A	7e
Moulures (Marchand de) en boutiques	A	5e
Moutarde (Marchand de) en gros	A	4e
Moutarde (Marchand de) en détail	A	7e
Moutons et agneaux (Marchand de)	A	4e
Mulets et mules (Marchand de)	A	4e
Musique (Marchand de) éditeur	A	3e
Musique (Marchand de) non éditeur	A	5e
Nacre brute (Marchand de)	A	3e
Nacre de perle (Marchand d'objets en)	A	5e
Natation (Tenant une école de)	A	5e
Nécessaires (Marchand de)	A	4e
Négociant	B	»
Noir de fumée ou noir animal (Marchand de)	A	7e
Nougat (Marchand de) en gros	A	4e
Nourrisseur de vaches, de chèvres ou de brebis pour le commerce du lait	A	6e
Nouveautés (Marchand de) n'occupant pas plus de dix personnes employées aux écritures, aux caisses, à la sur-		

PROFESSIONS	TABLEAU	CLASSE ou partie de tableau
veillance, aux achats et aux ventes intérieures ou extérieures	A	2e
Objets en cuivre, plaqué, os, ivoire, ébène, etc., pour la sellerie ou la carrosserie (Marchand d')	A	5e
Objets ou figures en cire (Exploitant un établissement forain d')	C	5e
Octroi (Adjudicataire, concessionnaire ou fermier des droits d')	C	5e
Œufs, volailles, lapins ou gibier (Marchand expéditeur d'), lorsqu'il occupe plus de dix ouvriers ou employés	C	1re
Œufs, volailles, lapins ou gibier (Marchand expéditeur d'), lorsqu'il n'occupe pas plus de dix ouvriers ou employés	C	5e
Œufs, volailles, lapins ou gibier (Marchand d') en gros	A	4e
Œufs, volailles, lapins ou gibier (Marchand d') en détail	A	6e
Oiselier	A	7e
Or, argent ou platine (Marchand d')	A	2e
Oranges ou citrons (Marchand d') en gros	A	3e
Oranges ou citrons (Marchand d') en boutique et en détail	A	6e
Orfèvre (Marchand) sans atelier	A	3e
Orgues portatives ou harmoniums (Marchand d')	A	4e
Oribus (Marchand d')	A	8e
Os (Marchand d') en gros	A	1re
Osier (Marchand d') vendant par voiture ou par bateau	A	5e
Osier (Marchand d') vendant à la botte ou par petites quantités	A	8e
Ouate (Marchand d')	A	7e
Outils, instruments et harnais à l'usage des ouvriers tisseurs (Marchand d')	A	7e
Outres (Marchand d')	A	6e
Pacotilleur	A	3e
Paille coupée pour chaises (Marchand de)	A	7e
Paille ou mousse teinte (Marchand de)	A	7e
Pain (Revendeur de)	A	7e
Pain d'épice (Marchand de) vendant en gros	A	4e
Pain d'épice (Marchand de) vendant en détail et en boutique	A	6e
Pains à cacheter et à chanter (Marchand de)	A	6e
Pantoufles (Marchand de) en détail	A	6e
Papetier (Marchand) en gros	A	1re
Papetier (Marchand) en demi-gros	A	2e
Papetier (Marchand) en détail	A	4e
Papiers de fantaisie, papiers déchiquetés, papier végétal ou héliographique (Marchand de)	A	6e
Papiers imprimés et vieux papiers (Marchand de) en gros	A	3e
Papiers imprimés et vieux papiers (Marchand de) en demi-gros	A	6e
Papiers imprimés et vieux papiers (Marchand de) en détail	A	8e
Papiers ou taffetas préparés pour usages médicinaux (Marchand de)	A	5e
Papiers peints pour tenture (Marchand de)	A	5e
Papiers pour emballage et pour sacs (Marchand de) en gros	A	2e

PROFESSIONS	TABLEAU	CLASSE ou partie de tableau
Papiers pour emballage et pour sacs (Marchand de) en demi-gros	A	4e
Papiers pour emballage et pour sacs (Marchand de) en détail	A	7e
Paquebots étrangers (Tenant une agence de)	B	»
Parapluies (Marchand de) vendant en gros	A	3e
Parapluies (Marchand de) vendant en demi-gros	A	5e
Parapluies (Marchand de) vendant en détail	A	6e
Parapluies (Marchand de vieux)	A	8e
Parc aux charrettes (Tenant un)	A	5e
Parfumeur (Marchand) en gros	A	1re
Parfumeur (Marchand) en demi-gros	A	2e
Parfumeur (Marchand) en détail	A	5e
Passementier (Marchand) en gros	A	1re
Passementier (Marchand) en demi-gros	A	2e
Passementier (Marchand) en détail	A	5e
Pastels (Marchand de) en gros	A	1re
Pastels (Marchand de) en détail	A	4e
Pâtes alimentaires (Marchand de) en gros	A	1re
Pâtes alimentaires (Marchand de) en demi-gros	A	2e
Pâtes alimentaires (Marchand de) en détail	A	6e
Pâtisseries, bonbons, glaces, sirops et autres objets de consommation (Tenant un établissement forain pour la vente de)	C	5e
Pavés (Marchand de)	A	5e
Péage sur une route (Adjudicataire, concessionnaire ou fermier des droits de)	C	1re
Peaussier (Marchand) en gros	A	1re
Peaussier (Marchand) en demi-gros	A	2e
Peaussier (Marchand) en détail	A	4e
Peaux de lièvre et de lapin (Marchand de) en boutique	A	6e
Peaux en vert ou crues (Marchand de)	A	4e
Pêche (Adjudicataire ou fermier de)	C	5e
Peignes (Marchand de) en gros	A	1re
Peignes (Marchand de) en détail	A	6e
Peignes de soie (Marchand de)	A	5e
Peignes en cannes ou roseaux pour le tissage (Marchand de)	A	8e
Pelles de bois (Marchand de)	A	8e
Pelleteries (Marchand de) en gros, s'il tire habituellement des pelleteries de l'étranger ou s'il en exporte	A	1re
Pelleteries (Marchand de) en détail	A	4e
Pendules, bronzes, montres, chronomètres, objets en métal doré ou argenté (Marchand de) en gros	A	1re
Pendules, bronzes, montres, chronomètres, objets en métal doré ou argenté (Marchand de) en demi-gros	A	2e
Pendules, bronzes, montres, chronomètres, objets en métal doré ou argenté (Marchand de) en détail	A	3e
Pension bourgeoise (Tenant)	A	6e
Pension particulière de vieillards (Tenant)	A	6e
Perles fausses (Marchand de)	A	5e
Pharmacie (Marchand d'accessoires et fournitures pour la)	A	3e
Pharmacien (vendant en gros)	A	1re
Pharmacien (vendant en demi-gros)	A	2e
		3e

PROFESSIONS	TABLEAU	CLASSE ou partie de tableau
Pharmacien (vendant en détail)	A	3e
Photographie (Marchand d'appareils, ustensiles et fournitures pour la) ayant boutique ou magasin	A	4e
Pianos (Loueur de)	A	5e
Pianos et clavecins (Marchand) en boutique ou magasin de	A	3e
Pierres à brunir (Marchand de)	A	6e
Pierres à feu (Marchand de)	A	5e
Pierres bleues (Marchand de) pour le blanchissage du linge	A	6e
Pierres brutes ou taillées (Marchand de)	A	6e
Pierres de touche (Marchand de)	A	7e
Pierres lithographiques (Marchand de)	A	5e
Pipes et autres articles de fumeurs (Marchand de) en gros	A	3e
Pipes et autres articles de fumeurs (Marchand de) en demi-gros	A	4e
Pipes et autres articles de fumeurs (Marchand de) en détail	A	6e
Pipes de terre (Marchand de) en détail	A	8e
Piquettes ou vins de marcs de raisin (Marchand de)	A	3e
Piquonnier	A	7e
Planches (Marchand de) en gros	A	1re
Planches (Marchand de) en détail	A	5e
Plants, arbres ou arbustes (Marchand de)	A	6e
Plaqué ou doublé d'or et d'argent (Marchand d'objets en)	A	3e
Plâtre (Marchand de)	A	6e
Plomb et fonte de chasse (Marchand de)	A	6e
Plumassier (Marchand) ayant boutique ou magasin, vendant en gros	A	2e
Plumassier (Marchand) ayant boutique ou magasin, vendant en demi-gros	A	4e
Plumassier (Marchand) ayant boutique ou magasin, vendant en détail	A	5e
Plume et duvet (Marchand de) en gros	A	1re
Plume et duvet (Marchand de) en détail	A	3e
Plumeaux (Marchand de)	A	7e
Plumes à écrire, plumes d'oie, de cygne, de corbeau (Marchand de) en gros	A	3e
Plumes à écrire, plumes d'oie, de cygne, de corbeau (Marchand de) en détail	A	6e
Plumes métalliques (Marchand de) en gros	A	3e
Plumes métalliques (Marchand de) en détail	A	6e
Plumes pour la plumasserie (Marchand de) vendant principalement la plume d'autruche	A	1re
Plumes pour la plumasserie (Marchand de) vendant principalement les oiseaux étrangers en peau et la plume étrangère autre que la plume d'autruche	A	3e
Plumes pour la plumasserie (Marchand de) vendant principalement les plumes et oiseaux du pays	A	5e
Poisson (Marchand de) en détail	A	7e
Poisson frais (Marchand de) en gros	A	5e
Poisson salé, mariné, sec ou fumé (Marchand de) en gros	A	1re
Poisson salé, mariné, sec ou fumé (Marchand de) en demi-gros	A	3e
Pommes de pin et d'autres arbres résineux (Marchand de) en gros	A	4e

PROFESSIONS	TABLEAU	CLASSE ou partie de tableau
Pommes de terre (Marchand de) en gros	A	4e
Pommes et autres fruits considérés comme n'étant pas des fruits secs (Marchand de) en gros	A	4e
Pompes de métal (Marchand de)	A	5e
Pont (Concessionnaire ou fermier de péage sur un)	B	»
Porcelaine (Marchand de) en gros	A	1re
Porcelaine (Marchand de) en demi-gros	A	2e
Porcelaine (Marchand de) en détail	A	5e
Portefeuilles ou autres objets de menue maroquinerie (Marchand de)	A	6e
Poterie (Marchand de) en gros	A	4e
Poterie de terre (Marchand de)	A	7e
Poudre d'or, de bronze et autres métaux (Marchand de)	A	6e
Présurier	A	7e
Produits chimiques (Marchand de) en gros	A	1re
Produits chimiques (Marchand de) en demi-gros	A	2e
Produits chimiques (Marchand de) en détail	A	3e
Quincaillerie ou ferronnerie (Marchand de) en gros	A	1re
Quincaillerie ou ferronnerie (Marchand de) en demi-gros	A	2e
Quincaillerie (Marchand de) en détail	A	4e
Réassurances (Compagnie, société ou comptoir de)	B	»
Receveur de rentes, lorsqu'il occupe plusieurs employés	A	3e
Receveur de rentes, lorsqu'il n'occupe pas plus d'un employé	A	4e
Reconnaissances du mont-de-piété (Marchand de)	A	5e
Remiseur de charrettes à bras et de hottes	A	8e
Représentant de commerce (Opérations en gros)	A	3e
Représentant de commerce (Vente aux marchands détaillants et aux consommateurs)	A	5e
Résines et autres matières analogues (Marchand de) en gros	A	1re
Résines et autres matières analogues (Marchand de) en demi-gros	A	2e
Résines et autres matières analogues (Marchand de) en détail	A	5e
Restaurateur et traiteur à la carte ou portant en ville	A	3e
Restaurateur et traiteur à la carte et à prix fixe	A	4e
Restaurateur et traiteur à prix fixe seulement	A	5e
Restaurateur sur bateaux à vapeur	C	5e
Restaurateur sur wagons	C	3e
Revendeur à la toilette	A	7e
Rognures de papier (Marchand de)	A	8e
Rognures de peaux (Marchand de) en gros	A	1re
Rognures de peaux (Marchand de) en demi-gros	A	5e
Rognures de peaux (Marchand de) en détail	A	8e
Rogue ou œufs de morue (Marchand de) en gros	A	1re
Rogue ou œufs de morue (Marchand de) en détail	A	5e
Roseaux (Marchand de)	A	7e
Roseaux préparés pour le tissage (Marchand de)	A	7e
Rouettes ou harts pour lier les trains de bois (Marchand de)	A	7e
Rouge végétal (Marchand de) en gros	A	1re
Rouge végétal (Marchand de) en détail	A	5e
Rubans pour modes (Marchand de) en gros	A	1re

PROFESSIONS	TABLEAU	CLASSE ou partie de tableau
Rubans pour modes (Marchand de) en demi-gros	A	2e
Rubans pour modes (Marchand de) en détail	A	4e
Sable (Marchand de)	A	8e
Sabots (Marchand de) en gros	A	4e
Sabots (Marchand de) en détail	A	8e
Sabots ou galoches garnis (Marchand en détail de) . .	A	6e
Sacs de toile (Marchand de).	A	6e
Sacs de toile (Loueur de)	A	7e
Safran (Marchand de) en gros	A	1re
Safran (Marchand de) en demi-gros.	A	4e
Sang (Marchand de) pour usages autres que l'engrais des terres	A	5e
Sangsues (Marchand de) en gros	A	1re
Sangsues (Marchand de) en demi-gros	A	4e
Sangsues (Marchand de) en détail	A	7e
Sarraux ou blouses (Marchand de), vendant en gros . .	A	3e
Sarraux ou blouses (Marchand de), vendant en détail . .	A	6e
Savon (Marchand de) en gros	A	1re
Savon (Marchand de) en demi-gros	A	2e
Savon (Marchand de) en détail	A	5e
Sciure de bois (Marchand de).	A	8e
Sel (Marchand de) en gros	A	1re
Sel (Marchand de) en demi-gros	A	2e
Sel (Marchand de) en détail.	A	7e
Serrurerie (Marchand en gros d'objets de)	A	2e
Société française ou étrangère opérant à l'étranger et tenant en France, pour son compte, une caisse pour emprunts ou pour payements des intérêts, dividendes, etc.	B	»
Sociétés formées par actions pour opérations de banque, de crédit d'escompte, de dépôts, comptes courants, etc.	C	1re
Socques en bois (Marchand de)	A	7e
Soie (Marchand de) en gros.	A	1re
Soie (Marchand de) en demi-gros.	A	2e
Soie (Marchand de) en détail	A	3e
Soies de porc ou de sanglier (Marchand de) en gros . .	A	1re
Soies de porc ou de sanglier (Marchand de) en demi-gros	A	2e
Soies de porc ou de sanglier (Marchand de) en détail . .	A	5e
Son, recoupe et remoulage (Marchand de).	A	6e
Sonnerie des cloches (Adjudicataire ou fermier de la) . .	C	5e
Soudes végétales indigènes (Marchand de) en gros.	A	3e
Soufflets (Marchand de gros) pour les forgerons, bouchers, etc.	A	5e
Soufflets ordinaires (Marchand de)	A	7e
Soufre (Marchand de) en gros.	A	1re
Soufre (Marchand de) en demi-gros.	A	2e
Soufre (Marchand de) en détail	A	5e
Souliers (Marchand de vieux).	A	8e
Sparterie (Marchand d'objets en)	A	6e
Sparterie pour modes (Marchand de)	A	5e
Spécialités ou préparations pharmaceutiques (Marchand de) vendant en gros	A	1re
Spécialités ou préparations pharmaceutiques (Marchand de) vendant en demi-gros	A	2e

PROFESSIONS	TABLEAU	CLASSE ou partie de tableau
Spécialités ou préparations pharmaceutiques (Marchand de, vendant en détail	A	3e
Spectacle forain, tel que théâtre, cirque, etc. (Directeur de)	C	5e
Spectacles (Directeur de)	C	5e
Spectacles, bals, concerts et autres réunions semblables (Adjudicataire ou fermier des droits à percevoir au profit des pauvres dans les)	C	5e
Stores (Marchand de)	A	6e
Sucre brut et raffiné (Marchand de) en gros	A	1re
Sucre brut et raffiné (Marchand de) en demi-gros	A	2e
Sucre brut et raffiné (Marchand de) en détail	A	5e
Suif en branches (Marchand de)	A	4e
Suif fondu (Marchand de) en gros	A	1re
Suif fondu (Marchand de) en demi-gros	A	2e
Suif fondu (Marchand de) en détail	A	4e
Sumac (Marchand de)	A	6e
Tabac en feuilles (Marchand de)	A	1re
Tabac ou cigares, dans le département de la Corse (Marchand de), vendant en gros	A	1re
Tabac ou cigares, dans le département de la Corse (Marchand de), vendant en demi-gros	A	3e
Tabac ou cigares, dans le département de la Corse (Marchand de), vendant en détail	A	6e
Tabac ou cigares étrangers (Marchand de), vendant en gros	A	1re
Tabac ou cigares étrangers (Marchand de), vendant en demi-gros	A	3e
Tabac ou cigares étrangers (Marchand de), vendant en détail	A	6e
Table d'hôte (Tenant une)	A	6e
Tableaux, aquarelles, dessins (Marchand de)	A	5e
Tabletier (Marchand)	A	6e
Tabletterie (Marchand de) en gros	A	2e
Tabletterie (Marchand de matières premières pour la)	A	3e
Taffetas gommés ou cirés (Marchand de)	A	5e
Tamisier (Marchand)	A	6e
Tan (Marchand de)	A	6e
Tapis de laine et tapisseries (Marchand de)	A	5e
Tapis peints ou vernis (Marchand de) en gros	A	1re
Tapis peints ou vernis (Marchand de) en demi-gros	A	2e
Tapis peints ou vernis (Marchand de) en détail	A	5e
Taureaux pour les courses (Loueur de)	A	5e
Teinture (Marchand en gros de matières premières pour la)	A	1re
Thé (Marchand de) en gros	A	1re
Thé (Marchand de) en demi-gros	A	2e
Thé (Marchand de) en détail	A	4e
Tiges, empeignes ou brides de chaussures (Marchand de), ayant magasin de vente	A	4e
Timbres-poste pour collection (Marchand de)	A	6e
Tir au pistolet (Maître de)	A	5e
Tissage des laines au compte des particuliers (Intermédiaire auprès du fabricant pour le)	A	6e

PROFESSIONS	TABLEAU	CLASSE ou partie de tableau
Tissus de laine, de fil, de coton, de soie ou de crin (Marchand de) en gros	A	1re
Tissus de laine, de fil, de coton, de soie ou de crin (Marchand de) en demi-gros	A	2e
Tissus de laine, de fil, de coton, de soie ou de crin (Marchand de) en détail	A	3e
Tissus grossiers et communs (Marchand de), sans assortiment	A	6e
Toiles cirées ou vernies (Marchand de) en gros	A	1re
Toiles cirées ou vernies (Marchand de) en demi-gros	A	2e
Toiles cirées ou vernies (Marchand de) en détail	A	5e
Tôle vernie (Marchand d'ouvrages en)	A	5e
Tonneaux (Marchand de)	A	6e
Tonneaux (Marchand de vieux) en gros	A	4e
Tonneaux (Marchand de vieux) en détail	A	7e
Tonneaux, barriques, etc. (Marchand de) pour expéditions maritimes ou commerciales	A	4e
Tonneaux pour le transport des vins (Loueur de)	B	»
Tontine (Société de)	C	1re
Tour (Marchand en gros d'objets faits au)	A	3e
Tour (Marchand en détail d'objets en bois faits au)	A	7e
Tourbe (Marchand de) en gros	A	4e
Tourbe (Marchand de) en détail	A	8e
Tours et autres ouvrages pour la coiffure, en cheveux, soie, etc (Marchand de)	A	6e
Tourteaux (Marchand de) en gros	A	3e
Tourteaux (Marchand de) en détail	A	6e
Tricots à l'aiguille (Marchand de)	A	5e
Troupes de passage (Entrepreneur du logement des)	A	6e
Truffes (Marchand de) en gros	A	3e
Truffes (Marchand de) en demi-gros	A	4e
Truffes (Marchand de) en détail	A	6e
Tuiles (Marchand de)	A	6e
Tuiles (Marchand de) en détail	A	4e
Tuyaux en terre cuite pour le drainage ou la conduite des eaux (Marchand de)	A	6e
Ustensiles de chasse ou de pêche (Marchand d') en gros	A	1re
Ustensiles de chasse ou de pêche (Marchand d') en détail	A	5e
Ustensiles de ménage (Marchand de vieux)	A	7e
Vaches ou veaux (Marchand de)	A	4e
Vaisselle ou ustensiles de bois (Marchand de)	A	7e
Vannerie (Marchand de) en gros	A	1re
Vannerie (Marchand de) en demi-gros	A	4e
Vannerie (Marchand de) en détail	A	6e
Varech (Marchand de) en gros	A	3e
Varech (Marchand de) en détail	A	8e
Veilleuses (Marchand de)	A	8e
Vélocipèdes (Loueur de)	A	6e
Vélocipèdes (Marchand de) en gros	A	2e
Vélocipèdes (Marchand de), vendant aux particuliers	A	4e
Vélocipèdes (Marchand d'accessoires de)	A	6e
Vélocipèdes (Remiseur de)	A	7e
Verrerie et cristaux (Marchand de) en gros	A	1re
Verrerie et cristaux (Marchand de) en demi-gros	A	2e

PROFESSIONS	TABLEAU	CLASSE ou partie de tableau
Verrerie et cristaux (Marchand de) en détail	A	5e
Verres à vitres (Marchand de) en gros	A	1re
Verres à vitres (Marchand de) en demi-gros.	A	3e
Verres à vitres (Marchand de) en détail.	A	6e
Verres bombés (Marchand de)	A	6e
Verroterie et gobeleterie (Marchand de) en demi-gros . .	A	2e
Verroterie et gobeleterie (Marchand de) en détail	A	6e
Vêtements confectionnés (Marchand de), vendant en gros .	A	2e
Vêtements confectionnés (Marchand de), vendant en demi-gros, lorsqu'il n'occupe pas habituellement plus de dix personnes employées aux écritures, aux caisses, à la surveillance, aux achats et aux ventes intérieures ou extérieures.	A	3e
Vêtements confectionnés (Marchand de), vendant aux particuliers, lorsqu'il n'occupe pas habituellement plus de dix personnes employées aux écritures, aux caisses, à la surveillance, aux achats et aux ventes intérieures ou extérieures.	A	5e
Viandes (Marchand expéditeur de)	C	5e
Viandes salées, fumées ou desséchées (Marchand de) en gros	A	1re
Viandes salées, fumées ou desséchées (Marchand de) en demi-gros	A	3e
Viandes salées, fumées ou desséchées (Marchand de) en détail	A	4e
Vignettes et caractères à jour (Marchand en boutique de)	A	6e
Vinaigre (Marchand de) en gros.	A	1re
Vinaigre (Marchand de) en demi-gros.	A	3e
Vinaigre (Marchand de) en détail.	A	5e
Vin (Marchand de) en détail, donnant à boire chez lui et tenant billard	A	5e
Vin (Marchand de) en détail, donnant à boire chez lui et ne tenant pas de billard	A	6e
Vin, bière, cidre (Débitant au petit détail de)	A	7e
Vins (Marchand de) en détail, vendant habituellement, pour être consommés hors de chez lui, des vins au panier ou à la bouteille.	A	4e
Vins (Marchand de) en gros, vendant principalement des vins par pièces ou paniers de vins fins, soit aux marchands, soit aux cabaretiers, soit aux consommateurs .	B	»
Vins (Marchand de), vendant au moyen de wagons-réservoirs.	C	1re
Voitures à bras pour enfants ou pour malades (Marchand de).	A	5e
Voitures de remise (Maître de station de)	A	7e
Volailles truffées (Marchand de)	A	4e
Zinc doré, bronzé ou galvanisé (Marchand d'objets en) .	A	5e

913 DÉCRET DU 10 NOVEMBRE 1906

(*Journal officiel* du 15 novembre 1906.)

ART 1er. — Une convention relative à la réparation des dommages des accidents du travail ayant été conclue à Paris, le 28 juin 1906, entre la France et le grand-duché de Luxembourg, et les ratifications de cet acte ayant été échangées à Paris, le 19 octobre 1906, ladite convention dont la teneur suit recevra sa pleine et entière exécution.

CONVENTION

« Le Président de la République française et S. A. R. le grand-duc de Luxembourg, également animés du désir d'assurer à leurs nationaux respectifs le bénéfice réciproque de la législation en vigueur sur la réparation des dommages résultant des accidents du travail, ont résolu de conclure à cet effet une convention et ont nommé pour leurs plénipotentiaires, savoir :

« Le Président de la République française ;

« M. Léon Bourgeois, ministres des affaires étrangères ;

« S. A. R. le grand-duc de Luxembourg ;

« M. Henri Vannerus, chargé d'affaires du grand-duché de Luxembourg à Paris,

« Lesquels, après s'être communiqué leurs pleins pouvoirs, trouvés en bonne et due forme, sont convenus des articles suivants :

« ART. 1er. — Les sujets Luxembourgeois victimes d'accidents de travail en France, ainsi que leurs ayants droit, seront admis au bénéfice des indemnités et des garanties attribuées aux citoyens français par la législation en vigueur sur les responsabilités des accidents du travail.

« Par réciprocité, les citoyens français victimes d'accidents du travail dans le grand-duché de Luxembourg, ainsi que leurs ayants droit, seront admis au bénéfice des indemnités et garanties attribuées aux sujets luxembourgeois par la législation en vigueur sur la réparation des dommages résultant des accidents du travail.

« ART. 2. — Il sera toutefois fait exception à cette règle lorsqu'il s'agira de personnes détachées à titre temporaire et occupées depuis moins de six mois sur le territoire de celui des deux États contractants où l'accident est survenu, mais faisant partie d'une entreprise établie sur le territoire de l'autre État. Dans ce cas, les intéressés n'auront droit qu'aux indemnités et garanties prévues par la législation de ce dernier État.

« Il en sera de même pour les personnes attachées à des entreprises de transport et occupées de façon intermittente, même habituelle, dans le pays autre que celui où les entreprises ont leur siège.

« ART. 3. — Les exemptions prononcées en matière de timbre, de greffe et d'enregistrement, et la délivrance gratuite stipulée par la législation grand-ducale sur les accidents du travail sont étendues aux actes, certificats et documents visés par cette législation qui seront passés ou délivrés aux fins d'exécution de la loi française.

« Réciproquement, les exemptions prononcées et la délivrance gratuite stipulée par la législation française sont étendues aux actes, certificats et documents visés par cette législation qui seront passés ou délivrés aux fins d'exécution de la loi luxembourgeoise.

« ART. 4. — Les autorités françaises et luxembourgeoises se prêteront mutuellement leurs bons offices en vue de faciliter de part et d'autre l'exécution des lois relatives aux accidents de travail.

« ART. 5. — La présente convention sera ratifiée et les ratifications seront échangées à Paris le plus tôt possible.

« Elle entrera en vigueur en France et dans le grand-duché de Luxembourg un mois après qu'elle aura été publiée dans les deux pays suivant les formes prescrites par leur législation respective.

« Elle demeurera obligatoire jusqu'à l'expiration d'une année à partir du jour où l'une ou l'autre des parties contractantes l'aura dénoncée.

« En foi de quoi, les plénipotentiaires mentionnés plus haut ont signé la présente convention et y ont apposés leurs cachets.

« Fait en double exemplaire, à Paris, le 27 juin 1906.

« *(L. S.)* Signé : LÉON BOURGEOIS.
« *(L. S.)* VANNERUS. »

ART. 2. — **Le ministre des affaires étrangères et le ministre** du travail et de la prévoyance sociale sont chargés, chacun en ce qui le concerne, de l'exécution du présent décret.

913bis DÉCRET DU 13 JUIN 1907

ART. 1er. — Le Sénat et la Chambre des députés ayant approuvé l'arrangement signé à Paris, le 9 juin 1906, entre la France et l'Italie, concernant la réparation des dommages résultant des accidents du travail survenus à leurs nationaux dans les deux pays, et les ratifications de cet acte ayant été échangées à Paris, le 4 juin 1907, ledit arrangement dont la teneur suit recevra sa pleine et entière exécution :

ARRANGEMENT

Le Gouvernement de S. M. le roi d'Italie et le Gouvernement de la République française, également animés du désir d'assurer à leurs nationaux respectifs le bénéfice réciproque de la législation en vigueur sur la réparation des dommages résultant des accidents du travail, conformément aux principes énoncés dans l'article 1er, paragraphe *d*, de la convention signée à Rome, le 25 avril 1904, entre l'Italie et la France, sont convenus de ce qui suit :

ART. 1er. — Les ouvriers ou employés de nationalité italienne, victimes d'accidents par le fait ou à l'occasion du travail sur le territoire français, ou leurs représentants, auront droit aux mêmes indemnités que celles qui sont accordées aux ouvriers ou employés de nationalité française ou à leurs représentants, et réciproquement.

ART. 2. — Ces dispositions sont également applicables, dans les conditions prévues aux articles ci-après, aux ayants droit qui ne résidaient pas sur le territoire du pays où s'est produit l'accident lorsqu'il est survenu, ou qui ont postérieurement cessé d'y résider.

ART. 3. — En cas d'accidents donnant lieu à enquête, avis de la clôture de l'enquête doit être immédiatement donné à l'autorité consulaire du ressort dans l'étendue duquel se trouvait la résidence de la victime au moment de l'accident, afin qu'elle puisse prendre connaissance de ladite enquête dans l'intérêt des ayants droit.

Art. 4. — Les chefs d'entreprise et les assureurs de chaque pays auront la faculté de se libérer des arrérages de rentes ou des indemnités dues par eux entre les mains de l'autorité consulaire de l'autre pays visée à l'article précédent, à laquelle il appartiendra de produire les pièces d'identité et certificats de vie, ainsi que de pourvoir à l'envoi des arrérages ou des indemnités à ceux de ses nationaux qui résidaient dans son ressort au moment de l'accident.

Art. 5. — La caisse nationale italienne d'assurances contre les accidents assurera, suivant le tarif conventionnel annexé au présent arrangement, le risque d'indemnités aux représentants ne résidant pas en France des ouvriers italiens victimes d'accidents, au profit des assureurs français désireux de se décharger de toutes recherches et démarches éventuelles à cet égard.

Ce tarif, établi à titre provisoire, sera aussitôt que possible revisé par les administrations compétentes des deux pays d'après les données techniques à recueillir.

Art. 6. — Lorsque le chef d'entreprise ou l'assureur aura constitué à la caisse nationale française des retraites pour la vieillesse les rentes dues à des ouvriers italiens ou à leurs représentants, les arrérages, à la demande de ces derniers, leur en seront servis par les soins de la caisse nationale italienne de prévoyance pour l'invalidité et la vieillesse des ouvriers. Dans ce cas, la caisse nationale française se libérera vis-à-vis de la caisse nationale italienne par l'envoi trimestriel du montant des arrérages échus qu'elle eût payés en France.

En ce qui concerne les rentes dont la quotité est devenue définitive, la caisse nationale française pourra se libérer vis-à-vis de la caisse nationale italienne par le versement en capital de leur valeur actuelle d'après le tarif auquel la rente aura été acquise ; ce versement sera employé à la constitution d'une rente, telle qu'elle résultera du tarif en vigueur pour la caisse nationale italienne au moment du versement.

Art. 7. — Lorsque le chef d'entreprise ou l'assureur aura versé à la caisse nationale italienne de prévoyance les indemnités dues à des ouvriers français, cette dernière, sur leur demande, leur enverra par mandats postaux le montant des sommes qu'elle leur eût payées en Italie.

En ce qui concerne les rentes dont la quotité est devenue définitive, elle pourra se libérer par le versement à la caisse nationale française des retraites de leur valeur actuelle en capital, d'après le tarif auquel la rente aura été acquise ; ce versement sera employé à la constitution d'une rente telle qu'elle résultera du tarif en vigueur pour la caisse nationale française au moment du versement.

Les indemnités allouées à la suite d'accidents mortels survenus à des ouvriers français en Italie pourront être versées globalement à la caisse des dépôts et consignations de France, qui en tiendra le montant à la disposition des intéressés, sous justification de leurs droits.

ART. 8. — Les mandats postaux prévus au premier alinéa de l'article 7, ainsi que les envois de fonds par la caisse nationale française des retraites à la caisse nationale italienne de prévoyance, ou réciproquement, en exécution des deux articles précédents, feront l'objet de mandats d'office dans les conditions spécifiées à l'article 5 de l'arrangement relatif aux transferts de fonds entre les caisses d'épargne ordinaires des deux pays.

ART. 9. — Les deux caisses nationales garderont toujours le droit de modifier pour l'avenir leurs tarifs respectifs.

ART. 10. — L'exemption des taxes et les avantages fiscaux actuellement accordés par la loi française pour les documents à présenter afin d'obtenir le payement des indemnités seront appliqués aussi dans le cas où ces documents seraient réclamés pour le payement d'une indemnité conformément à la loi italienne, et réciproquement (1).

ART. 11. — Dans le cas où un ouvrier italien ne résidant point en France ne recevrait pas à échéance les arrérages auxquels il aurait droit et ferait appel au fonds de garantie institué

Erratum au décret portant promulgation de l'arrangement concernant la réparation des dommages résultant des accidents du travail signé à Paris le 9 juin 1906, et publié au *Journal officiel* du 21 juin 1907, page 4306.

Note faisant suite à l'arrangement concernant la réparation des dommages résultant des accidents du travail signé à Paris le 9 juin 1906, entre la France et l'Italie, et promulgué au *Journal officiel* du 21 juin 1907 :

Note

Par application de l'article 14, il est convenu que les articles 1er, 2 et 3 entreront en vigueur trois mois après la promulgation de l'arrangement dans les deux pays.

En ce qui concerne l'article 10, il doit être entendu que l'un des deux Etats contractants ne pourra jamais être obligé de faire l'avance de frais quelconques à l'occasion de procédures ou d'instances suivies dans l'autre pays.

Signé : LÉON BOURGEOIS.
— GASTON DOUMERGUE.
— G. TORNIELLI.
— V. MAGALDI.

par la loi française, les attributions dévolues en cette matière à l'autorité municipale seraient remplies, à son égard, par l'autorité consulaire italienne à Paris, dans les conditions concertées entre les administrations compétentes des deux pays.

Art. 12. — Chaque partie contractante se réserve la faculté, dans le cas de force majeure ou de circonstances graves, de suspendre en tout ou partie les effets du présent arrangement, en ce qui concerne les services respectivement confiés aux caisses nationales des deux pays. Avis en devra être donné aux administrations compétentes de l'autre Etat par la voie diplomatique. L'avis fixera la date à partir de laquelle les dispositions relatives auxdits services cesseront d'avoir effet.

Art. 13. — Les administrations compétentes des deux pays détermineront de concert les justifications à produire dans les cas prévus par les articles 4, 5, 6 et 7, ainsi que les conditions d'application desdits articles aux victimes d'accidents ou à leurs représentants qui résideraient ailleurs qu'en France et en Italie.

Elles arrêteront en même temps toutes les mesures de détail et d'ordre nécessaires pour l'exécution du présent arrangement.

Art. 14. — Le présent arrangement aura force et valeur à partir du jour dont les deux Etats conviendront dès que la promulgation en aura été faite d'après les lois particulières à chacun d'eux.

Sauf le cas prévu par la convention du 15 avril 1904, le présent arrangement restera en vigueur pendant la durée de cinq années. Les deux parties contractantes devront se prévenir mutuellement une année à l'avance, si leur intention est d'y mettre fin à l'expiration de ce terme. A défaut d'un tel avis, l'arrangement sera prorogé d'année en année pour un délai d'un an, par tacite reconduction.

Art. 15. — Lorsque l'une des deux parties contractantes aura annoncé à l'autre son intention d'en faire cesser les effets, l'arrangement continuera d'avoir son exécution pleine et entière en ce qui concerne les droits des victimes ou de leurs représentants vis-à-vis de leurs employeurs, pour tous les accidents survenus jusqu'à l'expiration de l'arrangement. Il cessera au contraire d'avoir effet, dès cette expiration, en ce qui concerne les attributions dévolues aux autorités consulaires et les obligations ou facultés prévues pour les caisses nationales des deux pays, sauf le règlement de compte alors en cours entre elles et le service de tous les arrérages des rentes dont elles auraient antérieurement reçu les capitaux constitutifs.

En foi de quoi, les soussignés dûment autorisés à cet effet ont dressé le présent arrangement qu'ils ont revêtu de leurs cachets.

Fait en double expédition à Paris, le 9 juin 1906.

(*L. S.*) Signé : Léon BOURGEOIS.
(*L. S.*) — Gaston DOUMERGUE.
(*L. S.*) — G. TORNIELLI.
(*L. S.*) — V. MAGALDI.

ANNEXE

DÉSIGNATION	PRIME annuelle de réassurance pour 1,000 fr. de salaires.
Exploitations industrielles en général	4f98
Mines	12 36
Carrières	10 02
Verrerie, poterie, briqueterie	3 24
Verrerie	1 38
Poterie	1 32
Briqueterie	4 62
Fer et acier	3 60
Métaux (hormis le fer et l'acier), mécanique de précision, instruments de musique	1 14
Métaux (hormis fer, acier)	0 96
Mécanique de précision	1 38
Instruments de musique	0 78
Industrie chimique	4 26
Gaz et eau	3 30
Industrie textile	0 78
Lin, chanvre, jute et autres fibres d'écorces	1 08
Soie	0 30
Industrie textile (non compris l'industrie du lin, du chanvre, etc.) de la soie	0 78
Industrie textile, non compris l'industrie de la soie	0 78
Papier et imprimerie	1 62
Fabrication, travail du papier	2 46
Fabrication du papier	4 98
Travail du papier	0 54
Imprimerie	0 36
Cuir et vêtement	0 96

DÉSIGNATION	PRIME annuelle de réassurance pour 1,000 fr. de salaires.
Cuir	2 46
Vêtement	0 42
Bois	3 06
Alimentation, boucherie, tabac	0 66
Alimentation	1 44
Boucherie	0 96
Tabac	0 12
Meunerie, sucrerie, distillerie, brasserie et malterie	6 »
Meunerie	7 32
Sucrerie	5 34
Distillerie	4 62
Brasserie et malterie	6 06
Travaux de construction	6 96
En particulier le ramonage	5 82
Chemins de fer (c'est une classification économique et juridique propre de l'Allemagne qui correspond à peu près à la classification ordinaire en grande moyenne et petite industrie) :	
D'Etat	7 92
Privés	6 54
Routiers	4 20
Expédition, magasinage, voiturage	9 84
Expédition, magasinage, encavement	7 26
Voiturage	14 46
Navigation intérieure	18 30
Navigation maritime	14 22
Administration de la marine	2 94
Administration de la guerre	1 20
Administration des postes et des télégraphes	4 62

Art. 2. — Le ministre des affaires étrangères, le ministre du travail et de la prévoyance sociale et le ministre des finances sont chargés, chacun en ce qui le concerne, de l'exécution du présent décret.

Fait à Paris, le 13 juin 1906.

A. FALLIÈRES.

Par le Président de la République :

Le ministre des affaires étrangères,

S. PICHON.

Le ministre des finances,

J. CAILLAUX.

Le ministre du travail et de la prévoyance sociale,

René VIVIANI.

913 ter LOI DU 18 JUILLET 1907

ayant pour objet la faculté d'adhésion à la législation des accidents du travail.

ART. 1er. — Tout employeur non assujetti à la législation concernant les responsabilités des accidents du travail peut se placer sous le régime de ladite législation pour tous les accidents qui surviendraient à ses ouvriers, employés ou domestiques, par le fait du travail ou à l'occasion du travail.

Il dépose à cet effet à la mairie du siège de son exploitation, ou, s'il n'y a pas d'exploitation, à la mairie de sa résidence personnelle, une déclaration dont il lui est remis gratuitement récépissé et qui est immédiatement transcrite sur un registre spécial tenu à la disposition des intéressés. Il doit présenter en même temps un carnet destiné à recevoir l'adhésion de ses salariés, sur lequel le maire appose son visa en faisant mention de la déclaration et de sa date.

Les formes de la déclaration et du carnet sont déterminées par décret. Le carnet doit être conservé par l'employeur pour être, le cas échéant, représenté en justice.

ART. 2. — La législation sur les accidents du travail devient alors de plein droit applicable à tous ceux de ses ouvriers, employés ou domestiques, qui auront donné leur adhésion, signée et datée en toutes lettres par eux, au carnet prévu par l'article précédent.

Si l'ouvrier, employé ou domestique, ne sait ou ne peut signer, son adhésion est reçue par le maire qui la mentionne sur le carnet. Il en est de même pour l'adhésion des mineurs et des femmes mariées, sans qu'ils aient besoin, à cet effet, de l'autorisation du père, tuteur ou mari.

ART. 3. — L'employeur peut, pour l'avenir, faire cesser son assujettissement à la législation sur les accidents du travail par une déclaration spéciale à la mairie. Cette déclaration, dont il lui est immédiatement donné récépissé, est transcrite sur le registre visé à l'article 1er, à la suite de la déclaration primitive, ainsi que sur le carnet.

La cessation d'assujettissement n'a point effet vis-à-vis des ouvriers, employés ou domestiques qui ont accepté, dans les formes prévues à l'article précédent, d'être soumis à la législation sur les accidents du travail.

Art. 4. — Si l'employeur n'est point par ailleurs obligatoirement assujetti à la législation sur les accidents du travail, il contribue au fonds de garantie dans les conditions spécifiées par l'article 5 de la loi du 12 avril 1906.

MINISTÈRE DU TRAVAIL ET DE LA PRÉVOYANCE SOCIALE

914. — Le Président de la République française,

Sur la rapport du ministre du travail et de la prévoyance sociale,

Vu la loi du 9 avril 1898, concernant les responsabilités des accidents dont les ouvriers sont victimes dans leur travail, modifiée par celles des 22 mars 1902, 31 mars 1905 et 17 avril 1906 ;

Vu la loi du 18 juillet 1907, ayant pour objet la faculté d'adhésion à la législation des accidents du travail,

Décrète :

Art. 1er. — Les déclarations d'adhésion ou de cessation d'adhésion à la législation sur les accidents du travail, dans les termes de la loi du 18 juillet 1907, ainsi que les récépissés correspondants, doivent être établis conformément aux modèles I à IV annexés au présent décret.

Art. 2. — Le carnet d'adhésions prévu par la loi du 18 juillet 1907 doit être établi conformément au modèle V annexé au présent décret.

Art. 3. — Le ministre du travail et de la prévoyance sociale est chargé de l'exécution du présent décret, qui sera publié au *Journal officiel* de la République française et inséré au *Bulletin des lois*.

Fait à Rambouillet, le 30 juillet 1907.

A. Fallières.

Par le Président de la République.

Le ministre du travail et de la prévoyance sociale,

René Viviani.

MODÈLES ANNEXÉS

MODÈLE I

DÉCLARATION D'ADHÉSION A LA LÉGISLATION SUR LES ACCIDENTS DU TRAVAIL.

Le soussigné (1) . . . .
déclare à M. le maire de la commune d . . .
canton d . . . .
arrondissement d . . . .
département d . . . .
conformément à l'article 1er de la loi du 18 juillet 1907, qu'il adhère à la législation sur les accidents du travail pour tous les accidents qui surviendraient à ses ouvriers, employés ou domestiques par le fait du travail ou à l'occasion du travail, à partir du (2) . . . .

A . . . . , le (3) . . . . . 19 . .

(*Signature*)

(1) Nom, prénoms, profession et adresse de l'employeur.

(2) Date en toutes lettres.

(3) Date en toutes lettres.

MODÈLE II

DÉPARTEMENT
d. . . . .

ARRONDISSEMENT
d. . . . .

CANTON
d. . . . .

RÉPUBLIQUE FRANÇAISE

Mairie d . . . .

Récépissé de déclaration d'adhésion à la législation sur les accidents du travail
(Art. 1er de la loi du 18 juillet 1907).

Nous, soussigné (1). . . . .
maire de la commune d. . . . .
donnons récipissé à M (2). . . . .
de sa déclaration d'adhésion à la législation sur les accidents du travail qu'il a déposée ce jour à la mairie.

Fait à . . . , le (3) . . . . 19 . .

(*Signature*)

(1) Nom et prénoms.

(2) Nom, prénoms, profession et adresse du déclarant.

(3) Date en toutes lettres.

MODÈLE III

DÉCLARATION DE CESSATION D'ADHÉSION A LA LÉGISLATION SUR LES ACCIDENTS DU TRAVAIL.

Le soussigné (1). . . . .
déclare à M. le maire de la commune d . . .
canton d . . . .
arrondissement d . . . .
département d . . . .
qu'à partir du (2) . . . .
il cesse par la présente déclaration, d'adhérer à la législation sur les accidents du travail, dans les termes de l'article 3 de la loi du 18 juillet 1907 et qu'il annule par suite, pour l'avenir, la déclaration d'adhésion à ladite législation qu'il avait faite le . . . .

A . . . . . . , le . . . . . 19 . .

(*Signature*)

(1) Nom, prénoms, profession et adresse de l'employeur.

(2) Date en toutes lettres.

MODÈLE IV

DÉPARTEMENT
d. . . . .

ARRONDISSEMENT
d. . . . .

CANTON
d. . . . .

RÉPUBLIQUE FRANÇAISE

Mairie d . . . .

Récépissé de cessation d'adhésion à la législation sur les accidents du travail.

(Art. 3 de la loi du 17 juillet 1907).

Nous, soussigné (1) . . . .
maire de la commune d . . . .
donnons récépissé à M. (2) . . . .
de sa déclaration de cessation d'adhésion à la législation sur les accidents du travail qu'il a déposée ce jour à la mairie.

Fait à . . . . . le (3) . . . . . 190 . .

(*Signature*).

(1) Nom et prénoms.

(2) Nom, prénoms, profession et adresse du déclarant.

(3) Date en toutes lettres.

MODÈLE V

	CARNET D'ADHÉSIONS
(1) Nom, prénoms, profession et adresse de l'employeur.	à la législation sur les accidents du travail en ce qui concerne les salariés employés par M. (1) . . . .
	(Le présent carnet doit être conservé par l'employeur pour être, le cas échéant, représenté en justice).
	EXTRAITS DE LA LOI DU 9 AVRIL 1898
	(Reproduire ici le texte des articles 2, 3, 4, 7, 8, 9, 10, 11, 12, 13, 15, 16, 17, 18, 19, 20, 21, 22, 23 et 24 de la loi du 9 avril 1898 modifiée par celles des 22 mars 1902, 31 mars 1905 et 17 avril 1906).
	TEXTE DE LA LOI DU 19 JUILLET 1907
	(Reproduire ici le texte de la loi).
	MENTION DE LA DÉCLARATION D'ADHÉSION
(1) Nom, prénoms,	Nous, soussigné (1) . . . . maire de la commune d . . . . canton d . . . . arrondissement d . . . . département d . . . .
(2) Nom, prénoms, profession et adresse du déclarant. (3) Date en toutes lettres. (4) Date en toutes lettres. (5) Date en toutes lettres.	certifions au présent carnet d'adhésions que M. (2) . . . . a déclaré le (3) . . . . adhérer à la législation sur les accidents du travail à partir du (4) . . . . Fait à . . . . le (5) . . . . 190 . . *(Signature)*
	MENTION DE LA DÉCLARATION DE CESSATION D'ADHÉSION
(1) Nom et prénoms.	Nous, soussigné (1) . . . . maire de la commune d . . . . canton d . . . . arrondissement d . . . . département d . . . .
(2) Nom, prénoms, profession et adresse du déclarant. (3) Date en toutes lettres. (4) Date en toutes lettres.	certifions au présent carnet d'adhésions que M. (2) . . . . a déclaré le (3) . . . . cessé d'ahérer à la législation sur les accidents du travail. Fait à . . . . . le (4) . . . . . 190 . *(Signature)*

ADHÉSIONS

Adhésion n° 1 (1).

Le soussigné (nom) . . . .
Prénoms . . . .
Né à . . . .
de nationalité . . . .
Profession. . . . .
demeurant à (lieu) . . . département d . .
rue . . . . n° . . .

Vu la déclaration ci-dessus relatée faite par M. . . . .
le . . . .
à la mairie d . . . .
par laquelle il adhère, conformément à l'article 1er de la loi du 18 juillet 1907, à la législation des accidents du travail, déclare adhérer également à ladite législation, conformément à l'article 2 de ladite loi.

A . . . . le (2) . . . . . 190 . .

(Signature).

(1) Ces formules d'adhésion peuvent être en nombre illimité.

(2) Date en toutes lettres.

(Dans le cas où l'adhérent ne sait ou ne peut signer, ou bien s'il s'agit d'une mineure ou d'une femme mariée, le maire doit remplir et signer la formule complémentaire suivante :)

Nous, soussigné (1) . . . .
maire de la commune d . . . .
canton d . . . .
arrondissement d . . . .
département d . . . .
certifions avoir reçu l'adhésion ci-dessus de M. . . . .
qui nous a déclaré expressément (2). . . . .
. . . .
de laquelle déclaration nous lui avons donné acte par la présente.

Fait à . . . . . le (3) . . . . . . 190 . .

(*Signature*).

(1) Nom et prénoms.

(2) Être femme mariée ou être mineur, ou ne savoir ou ne pouvoir signer.

(3) Date en toutes lettres.

TABLE DES MATIÈRES
CONTENUES DANS LE 2e APPENDICE

Ire Section. — Arrêtés des 30 septembre 1905 et 26 juillet 1906, contenant le tarif des frais médicaux et pharmaceutiques.

915. — Après avoir indiqué que le chef d'entreprise supporte les frais médicaux et pharmaceutiques, et que la victime a le droit de choisir son médecin et son pharmacien, l'art. 4 de la loi du 31 mars 1905, ajoute « Dans *ce cas* (c'est-à-dire lorsque la victime a choisi son médecin ou son pharmacien), le « chef d'entreprise ne peut être tenu des frais médicaux et « pharmaceutiques que jusqu'à concurrence de la somme fixée « par le juge de paix du canton où est survenu l'accident, con-

« formément à un tarif qui sera établi par arrêté du ministre « du commerce... »

Ce tarif est contenu dans les arrêtés des 30 septembre 1905 et 26 juillet 1906, dont le commentaire fait l'objet de cette section.

Article Ier. — Frais médicaux.

915*bis*. — Les frais médicaux comprennent le coût des visites, — des consultations, — les honoraires dûs pour traitements ou opérations, — les indemnités de déplacement, — les frais du certificat médical.

916. — **VISITES.** — **Tarif.** — Le médecin doit se transporter auprès du blessé, autant seulement que celui-ci ne peut se déplacer sans inconvénient pour sa santé. Ce n'est que dans ce cas que le tarif fixé pour les visites peut être appliqué.

Le prix de la visite est, en principe, fixé à 1 fr. 50, pour les localités comptant moins de 5.000 habitants, — à 2 fr. pour les autres, et, à 2 fr. 50 pour Paris, (art. 1er du décret du 30 septembre 1905). Il est supérieur ou inférieur au chiffre ainsi établi pour les localités indiquées dans l'arrêté du 26 juillet 1906 (page 701.)

Pour déterminer le tarif d'une visite ou d'une consultation, il convient donc *de rechercher d'abord si la localité, dans laquelle elle a été faite, figure au tableau contenu dans l'arrêté du 26 Juillet 1906*. Si cette localité n'est pas comprise dans ce tableau, il faut appliquer la règle indiquée ci-dessus, d'après laquelle le coût est de 2 fr. pour les communes ayant une population supérieure à 5.000 habitants et de 1 fr. 50 pour toutes les autres.

917. — *Augmentation du tarif normal.* — 1° le prix de la visite est *double*, lorsqu'elle doit avoir lieu à *heure fixe*, dans le cas prévu par le 5e alinéa de l'article 4 de la loi du 9 avril 1898, c'est-à-dire lorsque le médecin traitant a été convoqué à une contre-visite à faire par le médecin désigné par le patron pour le renseigner sur l'état de la victime ; — 2° il est *triple*, lorsque, dans les cas graves et pressants, elle doit avoir lieu entre neuf heures du soir et six heures du matin. L'article 5 du décret ne contient aucune distinction entre les saisons et les usages locaux. Il s'ensuit que les visites *de nuit*, donnant lieu à une allocation triple, sont uniquement celles qui sont faites de 9 heures du soir à 6 heures du matin, quelles que soient la localité ou la saison.

3°. Lorsque dans les cas graves et pressants, un confrère doit être appelé en consultation, le prix de la consultation équivaut au prix de quatre visites *tant pour le médecin traitant* que pour le médecin appelé en consultation.

4° Lorsque la visite doit être suivie d'une surveillance prolongée dans l'éventualité de complications menaçant la vie du blessé, *chaque demi-heure* de surveillance équivaut à une visite en plus, dans la limite d'*un maximum de cinq visites*.

5° *Pansement aseptique simple* ou *petit pansement*. — Lorsque ces pansements sont faits lors de la *première* visite, il est alloué un honoraire égal à celui de la visite ou de la consultation. Mais les visites ou consultations subséquentes comprennent de plein droit un pansement aseptique simple ou petit pansement.

On ne peut donc compter qu'une fois les honoraires dûs à raison de ces pansements.

918. — Indemnités de déplacement. — Les indemnités de déplacement ne sont dûes qu'autant que le blessé ne peut se déplacer sans inconvénient, — que le médecin ne visite pas régulièrement la commune où se trouve le domicile de la victime ou n'y donne pas de consultations à jours fixes, sauf toutefois le cas d'urgence. La question de savoir si le médecin visite régulièrement la commune ou y donne des consultations ou encore s'il y a urgence est évidemment abandonnée à l'appréciation du juge.

919. — *Tarif.* — Le tarif est par kilomètre parcouru, en allant et en revenant, de 0 fr. 20 si le trajet est effectué en chemin de fer, et de 0 fr. 40, s'il est effectué autrement. Il se calcule en prenant pour base la distance qui existe entre la limite de la commune de la résidence du médecin et la mairie de la commune où est traité le blessé, sans que l'indemnité puisse excéder celle qui serait attribuée au médecin le plus rapproché. Cette disposition de l'arrêté est facilement applicable lorsqu'il n'existe pas de médecin dans la résidence du blessé ; mais si par suite d'absence ou d'empêchement du médecin exerçant dans la localité où est traitée la victime, on appelle un médecin d'une autre commune, ce médecin pourra-t-il réclamer une indemnité de déplacement ? Si l'on prenait à la lettre le texte de l'arrêté, on serait tenté de répondre négativement, car l'art. 8 porte que l'indemnité ne peut excéder celle qui serait attribuable au médecin le plus rapproché. Or il est certain que le médecin le plus rapproché est celui qui réside dans la commune où se trouve la victime ; mais il ne semble pas que cette interprétation étroite corresponde à l'intention du législateur et il faut entendre par médecin le plus rapproché celui qui exerce dans la commune la plus rapprochée de celle dans laquelle demeure le blessé. L'indemnité de déplacement n'étant dûe qu'autant que le médecin sort de la commune où il exerce, il s'ensuit que cette indemnité ne peut être allouée à Paris, ni dans aucune ville, alors même que la victime serait domiciliée dans un arrondissement ou dans un canton autre que celui dans lequel réside le médecin traitant.

920. — *Augmentation ou diminution de l'indemnité de déplacement.* — 1° L'indemnité de déplacement est *majorée* de moitié, lorsque la visite *doit* être faite *d'urgence* entre 9 heures du soir et 6 heures du matin (Art. 8). L'indemnité de déplacement, comme la visite elle-même, se trouve ainsi doublée pour les *visites de nuit* ; mais elle ne devrait pas être majorée, s'il n'y avait pas urgence et que la visite eût pu être remise à quelques heures plus tard en dehors des heures de nuit

2° L'indemnité est *réduite* des 3/4, lorsque le médecin utilise son passage dans la résidence du blessé sans se déplacer exclusivement pour lui. (Art 8).

921. — II. **CONSULTATIONS**. — Lorsque la victime peut se déplacer, sans inconvénient pour sa santé, c'est-à-dire se rendre au cabinet du médecin, le prix de la consultation « est inférieur de 0 fr. 50 au prix de la visite, tel qu'il est spécifié à l'article précédent » (Art 2). Le tarif des consultations est ainsi au minimum de 1 fr. et au maximum de 2 fr.

Les observations ci-dessus présentées pour les pansements (n° 917 [5]) et pour le concours d'un confrère, dans les cas graves et pressants (n° 917 [3]) sont applicables à la consultation.

922. — III. **OPÉRATIONS**. Les opérations sont divisées en opérations de petite et de grande chirurgie et en opérations faites par un spécialiste. Toutes les opérations, soit de grande, soit de petite chirurgie, donnent droit, *en sus du prix de la consultation ou de la visite*, aux allocations fixées dans les art. 10 et 11 (pages 630 à 634). En un mot le médecin qui a pratiqué une opération compte toujours le prix de sa visite ou de sa consultation, auquel il ajoute le coût de l'opération, tel qu'il est tarifé dans l'arrêté.

923. — *Opérations de petite chirurgie*. — L'allocation n'est pas d'une somme fixe, mais elle correspond à un nombre de visites ou consultations qui varie de un à dix. Lorsque le traitement d'une plaie exigera, au cours d'une même visite ou consultation, plusieurs des opérations suivantes : ablation d'esquilles, de pointes osseuses, d'ongles semi-détachés, de parties condamnées, ces opérations ne seront pas comptées distinctement et il ne sera alloué que l'honoraire afférent à l'une d'elles. (Note sur l'art. 10.) Cette disposition spéciale doit être restreinte aux quatre opérations qu'elle prévoit. Ainsi au cas où le médecin ferait dans la même visite une répétition de la pose de petits appareils et une injection de sérum physiologique, il serait fondé à compte deux opérations distinctes dont le prix correspond pour chacune d'elles à deux visites, en ajoutant le coût de la visite qui est, par hypothèse, de deux francs il aurait droit à (2×5) 10 francs.

924. — *Opérations de grande chirurgie*. — Le tarif pour ces opérations varie, selon que le prix de la visite est pour la localité de 1 fr. 50, 2 fr. ou 2 fr. 50, d'un minimum de 20, 25 ou 35 fr. à un maximum de 110, 150 ou 200 fr. En outre, les opérations prévues à l'art. 12 donnent lieu à l'application d'un tarif minimum et maximum spécial ; mais cet article n'indique pas dans quels cas le maximum ou le minimum doivent être appliqués. Cette question est donc laissée à l'appréciation du juge qui n'est pas forcé de prendre pour base de cette appréciation le tarif des visites ou consultations applicable à la localité.

Dans l'allocation afférente à toute réduction de luxation ou de fracture se trouve comprise la pose du premier bandage contentif ou du premier appareil plâtré ou silicaté, s'il y a lieu.

925. — *Rémunération des aides*. — Pour les interventions de grande chirurgie, la rémunération de tout aide (docteur en médecine ou officier de santé) est fixée au quart du prix de l'opération, sans que, quelque soit le nombre des aides, leur rémunération totale puisse dépasser la moitié de ce prix.

926. — *Opérations faites par un spécialiste.* — Lorsque, sur *l'avis du médecin traitant,* le blessé doit s'adresser à un médecin spécialiste, il y a lieu à attribution des honoraires qui sont fixés dans l'art. 14 (page 635).

Les honoraires ne paraissent être dûs, qu'autant que le médecin traitant a exprimé l'avis qu'il y avait lieu de s'adresser à un médecin spécialiste. Toutefois si, par mauvais vouloir ou impéritie, le médecin traitant refusait de reconnaître la nécessité de recourir aux soins d'un spécialiste, la victime pourrait se faire soigner par un autre médecin, lequel deviendrait ainsi médecin traitant et aurait qualité pour prescrire l'intervention d'un spécialiste.

927. — **Dans quelles conditions le tarif contenu dans l'arrêté du 30 septembre 1905 est-il applicable ?** — Ce tarif est applicable au traitement de la victime et à la visite ou consultation constatant l'accident, au cas seulement où le médecin traitant a été choisi par la victime ellemême. Il régit aussi bien le traitement de l'incapacité temporaire que celui de l'incapacité permanente, (argument tiré de l'art. 4 de la loi du 31 mars 1905 voir n° 915 ci-dessus). Le médecin, désigné par le patron et accepté par le blessé, n'est pas soumis à ce tarif spécial. Le chiffre des honoraires est débattu entre lui et le patron, comme s'il s'agissait d'une maladie ou d'un accident ordinaires.

Quant au médecin qui a procédé à l'expertise ordonnée par le juge de paix ou par le tribunal, il continue à bénéficier du tarif du décret de 1811 (nos 718 et suiv.) ; l'arrêté du 30 septembre 1905 n'a été pris en effet que pour permettre au juge de paix de statuer sur les frais médicaux, d'après des bases également déterminées.

928. — **Certificat médical.** — Il faut distinguer entre le certificat médical initial et le certificat qui a pour objet de constater l'état du blessé après la consolidation de la blessure.

Certificat initial. — Le certificat médical initial, constatant sommairement la nature de la blessure et le pronostic probable, donne droit à une indemnité *spéciale* de 2 fr. En cas de blessures multiples, ou bien de contusions ou brûlures, portant sur le thorax, l'abdomen ou la tête, le certificat initial descriptif donne droit à une indemnité *spéciale* de 5 fr. (Art. 9 de l'arrêté.)

L'indemnité de 2 fr. ou de 5 fr. doit être comptée en sus du prix de la visite ou de la consultation ; c'est ce qui se déduit des mots « *indemnité spéciale* » et à *contrario* du dernier alinéa de l'art. 9.

Cette indemnité est fixe, quelle que soit la localité dans laquelle le certificat est dressé.

Certificat final. — «... Le certificat final descriptif, constatant l'état du blessé après consolidation de la blessure, donne droit à une indemnité *spéciale* de 5 fr. Le certificat par lequel le médecin indique, dans sa dernière consultation, la guérison du blessé ne donne pas lieu à indemnité spéciale » (Art. 9). Mêmes observations au sujet de l'indemnité spéciale et du tarif fixe que pour le certificat initial.

929. — *Application du tarif ci-dessus.* — Il semble que le tarif ci-dessus n'est applicable qu'au cas où la victime a requis elle même un certificat médical, lorsque le patron a négligé de le faire, ou qu'elle conteste le certificat délivré par le médecin du chef d'entreprise. La justice n'a pas en effet à intervenir de plein droit dans les conventions passées librement entre le patron et le médecin qu'il a choisi.

930. — **Dans quelle forme le médecin traitant peut-il réclamer le paiement de ses honoraires.** — Les allocations dues en vertu du présent arrêté font l'objet d'une note d'honoraires signée du médecin traitant et contenant les indications énumérées dans l'art. 15 de l'arrêté (page 636.)

Article 2. — Frais pharmaceutiques.

931. — « Le tarif de frais pharmaceutiques visé par l'art. 4 « de la loi du 9 avril 1898 est fixé, pour le département de la « Seine et pour les autres départements, tel qu'il est annexé « au présent arrêté » Art. 16. (Voir le tableau pages 637 à 691).

Il résulte de là, qu'à la différence des frais médicaux, le tarif des frais pharmaceutiques est en principe invariable et s'applique aussi bien à la province qu'à Paris ; lorsque le prix est différent pour Paris et pour la province, le tableau le mentionne expressément.

Ainsi que nous l'avons indiqué sous le n° 917, pour les frais médicaux, le tarif des frais pharmaceutiques n'est obligatoire qu'autant que la victime a elle-même choisi son pharmacien et qu'elle actionne le chef d'entreprise en remboursement de ces frais par elle avancés ou encore que le pharmacien, au lieu de s'adresser à la victime, poursuit contre le patron le paiement de ses fournitures.

932. — *Mémoires*. — L'arrêté ne réglemente la forme du mémoire que pour les honoraires du médecin. Il s'ensuit que, pour les fournitures pharmaceutiques, aucune forme spéciale n'est prescrite ; mais il sera nécessaire d'indiquer d'une façon précise les noms et adresses du pharmacien, — du blessé, — du chef d'entreprise, — la date des fournitures, en se référant, s'il est possible, aux n^{os} du tarif et en rappelant la date de l'ordonnance et le nom du médecin qui a prescrit le traitement.

En outre le titre II § n° 6 de l'arrêté (page 639) dispose, en ce qui concerne les paquets et pilules, que, « pour ne pas introduire de fractions de 5 centimes dans les mémoires, on les néglige quand elles sont inférieures à 3 centimes et 3 ou 4 centimes se comptent comme 5 centimes. » *Exemples* s'il est dû, d'après le tarif, 16 ou 17 centimes, on ne compte que 15 centimes ; s'il est dû 28 ou 29 centimes on porte 30 centimes.

933. — **Mode de calcul du prix de quelques produits**. — Pour *les collutoires* (etc)..., on ajoute au prix des substances un prix fixe de manipulation de 0 fr. 20, mais seulement dans le cas ou l'emploi du mortier ou du feu ou du filtre est nécessaire ;

Pour les *capsules préparées sur ordonnance*, le prix de manipulation est égal à trois fois le prix établi pour les cachets ;

Pour les *ampoules* stérilisées à l'autoclave et préparées sur ordonnance spéciale et non d'après une formule courante, on établit le prix du médicament, auquel on ajoute un prix de 20 centimes par ampoule.

Pour les *analyses d'urine*, le pharmacien a toujours droit à une allocation de 2 francs, même lorsqu'il il y a lieu d'exécuter un des dosages prévus par l'arrêté.

Indemnité de nuit. — Elle est de 1 fr. en plus du prix des médicaments. L'arrêté n'a pas prévu, comme pour les médecins, les heures à partir desquelles l'indemnité de nuit est dûe. Il faut donc s'en rapporter aux usages sur ce point.

Petits pansements d'urgence. — Pour les petits pansements faits d'urgence par les pharmaciens dans le cas de traumatisme peu important, il leur est alloué, fournitures comprises, 75 centimes à titre d'indemnité.

IIe Section. — Loi du 12 avril 1906 étendant aux exploitations commerciales la disposition de la loi du 9 avril 1898.

Article 1er. Des professions commerciales.

934. — « La législation sur les responsabilités des accidents du travail est étendue à toutes les entreprises commerciales. (Art. 1).

La portée de la disposition de cet art. 1er est des plus étendues, puisqu'elle assujettit au risque professionnel toutes les professions commerciales. Actuellement tombent ainsi sous l'application de la loi de 1898 toutes les professions *industrielles*, — les exploitations *agricoles* qui font usage de moteurs *inanimés*, — les professions *commerciales*. En un mot, la responsabilité devient la règle et il convient d'indiquer les personnes qui font exception à cette règle. Ce sont 1° celles qui exercent des professions libérales, (médecins, avocats, avoués, notaires, huissiers, greffiers etc.) Ces personnes, bien que soumises à l'impôt des patentes, ne sont pas des commerçants ; — 2° les fonctionnaires de l'Etat, des Départements, des Communes, des Etablissements publics ; — 3° les personnes qui n'ont pas de profession ; — 4° les rentiers ; — 5° les cultivateurs, vignerons, qui se bornent à vendre les produits de leur ferme ou de leurs vignes, sauf dans le cas où ils font usage d'une machine mue par une force autre que celle de l'homme ou des animaux ; — 6° les ouvriers ou employés. Mais ces personnes peuvent se faire assujettir à la loi, dans les conditions indiquées sous les nos 973 à 977 ci-après. (*Annoter n°* 55).

935. — **Des entreprises commerciales.** — D'après

l'art. 632 C. Com. sont réputés commerçants « ceux qui exercent des actes de commerce et *en font leur profession habituelle.* »

Les actes réputés « *actes de commerce* » sont :

« Tout achat de denrées et marchandises pour les revendre, « soit en nature, soit après les avoir travaillées et mises en « œuvre et même pour en louer simplement l'usage ; — toute « entreprise de manufacture, de commission par terre et par « eau ; — toute entreprise de fournitures, d'agences, bureaux « d'affaires, établissements de vente à l'encan, de spectacles « publics ; — toute opération de change, banque et courtage ; « — toutes opérations de banques publiques ;...

L'art. 633 ajoute à cette nomenclature :

« Toute entreprise de construction, et tous achats, ventes « et reventes de bâtiments pour la navigation intérieure et « extérieure ; — toutes expéditions maritimes ; tout achat « ou vente d'agrès, apparaux et avitaillements ; — tout affrè-« tement ou nolissement, emprunt ou prêt à la grosse ; toutes « assurances et autres contrats concernant le commerce de « mer ; — tous accords et conventions pour salaires et loyers « d'équipages ; — tous engagements de gens de mer, pour le « service de bâtiments de commerce. »

936. — Pour être réputé *commerçant*, il faut faire *habituellement* une des opérations commerciales énoncées dans les art. 632 et 633 C. Com. Par suite, une personne, qui ne ferait qu'accidentellement et tout à fait par hasard un acte de commerce, tel par exemple qu'un achat et vente de marchandises, ne serait pas considérée comme étant un commerçant. C'est là évidemment une question d'appréciation. D'une façon générale sont des commerçants toutes les personnes désignées sous le nom de **marchands, négociants ou commerçants**, soit qu'elles exploitent un commerce en gros ou en détail, soit que ce commerce ait pour objet des marchandises qu'elles fabriquent elles-mêmes ou qui sont fabriquées par d'autres.

937. — Application. — Sont des commerçants, et comme tels assujettis à la responsabilité forfaitaire, toutes les personnes figurant dans le tableau annexé au décret du 27 septembre 1906 (voir pages 706 à 729). Il est *donc indispensable* *dans les cas douteux, de consulter ce tableau qui contient une liste détaillée et officielle de toutes les professions assujetties.*

Il s'ensuit que les distinctions présentées sous les nos 58; 68; 69 ; 70 2-3 6-11 ; 77 a-b-d n'ont plus de raison d'être, au point de vue de l'assujettissement au risque professionnel. Toutes les professions dont il s'agit présentent le caractère d'exploitations commerciales et rentrent ainsi dans les prévisions de l'art. 1er de la loi du 12 avril 1906. Mais l'intérêt de la distinction subsiste en ce qui concerne la perception de la taxe nécessaire à la constitution du fonds de garantie (Voir nos 945 et suiv.)

938. — Quels employés sont garantis ? — Le bénéfice de la loi est acquis à tous les commis ou employés des commerçants, pourvu que l'accident soit survenu par le fait ou l'occasion du travail, ainsi qu'il est expliqué sous les nos 6 à 15.)

Ainsi le commis d'un *agent d'affaires* ou d'*un banquier* qui, en taillant un crayon, se fait une blessure entraînant des complications et donnant lieu à une incapacité de travail aura droit à une indemnité, aussi bien qu'un ouvrier d'industrie qui aurait eu un membre pris dans un engrenage.

939. — *Les voyageurs de commerce* qui travaillent pour le compte d'une maison et qui sont liés à elle par un contrat de louage, sont considérés comme des employés de cette maison et bénéficient de la loi, à raison des accidents survenus par le fait ou à l'occasion du travail, en quelque lieu qu'ils se trouvent ; mais il faut que cet accident soit arrivé réellement à l'occasion de leur travail, c'est-à-dire à l'occasion de leurs déplacements, pour se rendre chez le client, ou au domicile même de ce client ; il n'en serait pas de même de l'accident survenu à l'hôtel pendant qu'ils prennent leurs repas ou qu'ils ne sont pas en action de travail.

Quant aux voyageurs à *la commission*, qui peuvent représenter une ou plusieurs maisons, qui ne touchent pas d'appointements fixes, et qui sont rémunérés uniquement d'après le chiffre des affaires qu'ils font, ils ne peuvent réclamer le bénéfice de la loi (Avis du président de la commission, séance du 10 avril 1906.)

940. — *Date de l'application de la loi.* — **Aux termes de l'art. 8 de la loi du 12 avril 1906, « la présente loi entrera en**

vigueur trois mois après la *promulgation* du décret prévu au 2e alinéa de l'art. 4. » Ce décret a été promulgué le 30 sept. 1906.

Article II. — Assurances et syndicats de garantie.

941. — Assurances. — *Résiliation des polices.* — L'article 2 de la loi accorde aux commerçants assujettis par la loi *nouvelle* un délai de 3 mois à partir de la promulgation du décret du 27 septembre 1906, qui a été faite le 30 du même mois, pour résilier les polices d'assurances garantissant les accidents de droit commun. Ce délai expirait par conséquent le 30 décembre 1906. Les observations présentées sous les nos **594** et **595** ci-dessus au sujet des polices susceptibles d'être résiliées, s'appliquent aux polices visées dans l'article 2 de la loi du 12 avril 1906.

Les polices dénoncées continuent à subsister pendant un délai de dix jours à partir de la dénonciation ; passé ce délai, la résiliation a lieu de plein droit.

942. — *Effet de la résiliation.* — Les primes restant à payer ne sont acquises à l'assureur qu'en proportion de la période d'assurance réalisée jusqu'au jour de la résiliation. Exemple : une police a été contractée le 31 mars 1906 ; la dénonciation est effectuée le 1er octobre, la résiliation ne sera définitive que le 10, les primes ne seront acquises à la Société que jusqu'à cette date inclusivement.

Les primes pour les assurances à forfait payées d'avance, ne resteront acquises à l'assureur que jusqu'à concurrence de six mois de risques au maximum à compter du jour de la résiliation, au cas où le contrat n'aurait pas été dénoncé par lui mais par l'assuré. Le surplus des six mois devra être restitué à l'assuré.

943. — *Forme de la dénonciation.* — La dénonciation pourra être faite, soit au moyen d'une déclaration au siège social de la Compagnie d'assurances ou chez l'agent local, dont il sera donné récépissé, soit par acte extrajudiciaire, soit par lettre recommandée (à annoter au n° 598).

944. — *Contrats mixtes.* — Les contrats mixtes, c'est-à-dire ceux dans lesquels l'assureur s'est engagé à garantir l'assuré, contre le risque de la loi de 1898, si celle-ci était déclarée applicable, et, dans le cas contraire, à le couvrir du risque de la responsabilité civile, seront intégralement résiliés, s'ils ont été dénoncés dans les formes et délais prévus à l'art. 2 (voir n°s 941 et 943). Il existe toutefois deux différences entre ces contrats et les polices ordinaires : 1° Pour les contrats mixtes, la dénonciation n'entraîne pas la résiliation de plein droit si, dans la huitaine de cette dénonciation, l'assureur remet à l'assuré un avenant, garantissant expressément, sans aucune augmentation de prime, le risque défini par les lois des 9 avril 1898, 22 mars 1902 et 31 mars 1905 ; — 2° la seconde différence consiste en ce que le silence des deux parties a pour effet, sans autre formalité, de rendre le contrat applicable au risque déterminé par les lois des 9 avril 1898, 22 mars 1902 et 31 mars 1905.

Article III. — Taxes spéciales.

945. — Pour alimenter le fonds de garantie l'article 25 de la loi du 9 avril 1898 a créé une taxe de 0.04 additionnelle à la contribution des patentes.

Cette taxe a été maintenue par l'article 6 de la loi du 12 avril 1906, pour les industriels et les ateliers et en outre pour les professions inscrites au tableau annexé au décret du 27 septembre 1906 qui, indépendamment de la revente commerciale de denrées et marchandises ou de la location d'instruments ou objets divers, comportent soit l'emploi de moteurs inanimés ou la mise en œuvre de matières explosives, soit des opérations de fabrication, de confection, de réparation ou de main-d'œuvre ; mais cet article a créé une taxe spéciale pour les commerçants. Cette taxe est de un centime et demi (0.015) à ajouter au principal de la patente. Elle est applicable aux chantiers de manutention ou de dépôt auxquels la jurisprudence de la Cour de Cassation, sous le régime antérieur, avait refusé de reconnaître un caractère industriel, tels que les exploitations des marchands de bois, de charbon ou de vins en gros.

946. — *Professions assimilées.* — L'article 2 du décret du 27 septembre 1906 doit être entendu ainsi qu'il suit : Si une profession est classée pour l'assiette de la contribution des patentes parmi les professions industrielles, elle sera passible de la taxe additionnelle de 0.04 centimes ; si elle figure dans la nomenclature des professions commerciales, elle sera assujettie à la taxe de 0.015.

947. — *Professions non assujetties à la patente et exploitations agricoles.* — Ces professions sont frappées d'une taxe additionnelle de 0.015, puisque la taxe de 0.04 ne s'applique qu'aux professions industrielles.

La perception de la taxe de 0.015 est, en ce qui les concerne, réglée ainsi qu'il suit : Si le chef d'entreprise est assuré, la taxe est encaissée annuellement au moyen d'une contribution sur chaque contrat d'assurance et recouvrée par les compagnies d'assurances ; si, au contraire, le chef d'entreprise n'est pas assuré, la perception est faite par l'Administration de l'Enregistrement, en une seule fois, lors de la liquidation des rentes mises à sa charge.

948. — *Modification du tarif.* — La taxe de 0.04 et celle de 0.015 peuvent être modifiées par les lois de finances ; celle de 0.015 ne peut jamais dépasser le maximum de la contribution fixée par l'article 25 de la loi du 9 avril 1898, tel qu'il a été établi par cette loi ou sera établi par les lois de finances subséquentes.

IIIe Section. — Loi du 17 avril 1906.

949. — L'article 59 de cette loi est ainsi conçu : « Le béné-
« fice de l'assistance judiciaire s'applique de plein droit à l'acte
« d'appel et, le cas échéant, à l'acte par lequel est signifié le
« désistement de l'appel. Le premier président de la Cour, sur
« la demande qui lui sera adressée à cet effet, désignera l'avoué
« près la Cour dont la constitution figurera dans l'acte d'appel,
« et commettra un huissier pour le signifier. »

Cet article étend à la signification de l'acte de désistement de l'appel, le bénéfice de l'assistance judiciaire (annoter en ce sens le n° 397).

IVe Section. — Conventions diplomatiques avec la Belgique et le Grand duché de Luxembourg

concernant la réparation des dommages résultant des accidents du travail.

950. — Les conventions dont il s'agit ont été promulguées par décrets du 12 juin 1906 pour la Belgique et du 10 novembre de la même année, pour le grand duché de Luxembourg. Ces deux décrets sont rédigés dans des termes identiques ; il s'ensuit que les développements ci-après s'appliquent à chacun d'eux.

951. — L'article 1er de ces conventions porte que « les « sujets belges (ou luxembourgeois) victimes d'accidents du « travail en France, ainsi que leurs ayants-droit, *seront* admis « au bénéfice des indemnités et des garanties attribuées aux « citoyens français par la législation en vigueur sur les respon- « sabilités des accidents du travail.

« Par réciprocité, les citoyens français victimes d'accidents « du travail en Belgique (ou dans le grand duché de Luxem- « bourg), ainsi que leurs ayants-droit, seront admis au bénéfice « des indemnités et des garanties attribuées aux sujets belges « (ou luxembourgeois), par la législation en vigueur sur la « réparation des dommages résultant des accidents du tra- « vail. »

Le sens et la portée de cet article nous semblent des plus difficiles à préciser.

En effet, il est universellement admis que, sous l'empire des lois de 1898 et de 1905, les ouvriers étrangers ont droit aux mêmes indemnités que les ouvriers français et jouissent des mêmes garanties, sauf lorsqu'ils cessent de résider sur le territoire français ; l'indemnité est alors remplacée par un capital égal à trois fois la rente qui leur avait été allouée. Leurs ayants-droit étrangers jouissent des mêmes avantages que les ayants-droit des ouvriers français à moins qu'ils ne résident pas sur le territoire français, auquel cas il n'ont droit à aucune indemnité ou qu'ils cessent d'y résider, auquel cas l'indemnité est convertie en un capital triple de la rente, sans que ce capital puisse dépasser la valeur actuelle de la pension d'après le tarif visé à l'article 28.

952. — En énonçant que les ouvriers étrangers « *seront admis* au bénéfice des indemnités ou garanties attribuées aux citoyens français... », le premier alinéa de l'article 1er n'ajouterait rien à la législation en vigueur. Il serait alors complètement inutile et n'aurait par suite aucun sens.

On peut soutenir toutefois que ce premier alinéa ne doit pas être isolé du deuxième, dont les dispositions ont pour effet de conférer aux citoyens français, victimes d'accidents du travail en Belgique ou dans le grand duché de Luxembourg, les droits attribués aux sujets de ces deux pays par la législation des accidents du travail.

Le premier alinéa ne serait, pour ainsi dire, qu'explicatif et aurait pour objet de faire ressortir que c'est parce que les sujets belges ou luxembourgeois bénéficient en France de la loi française, que la Belgique ou le grand duché de Luxembourg admettent par réciprocité, en faveur des ouvriers français victimes d'accidents dans ces deux pays, l'application des lois territoriales relatives à la responsabilité des accidents du travail.

L'article 1er apporterait ainsi une extension aux ouvriers français des dispositions des lois belge ou luxembourgeoise, sans toucher en rien à la loi française. Il comblerait simplement une lacune existant au détriment de nos nationaux.

953. — Cette interprétation pourrait peut-être être admise si l'article 1er de la convention était rédigé en ces termes : « les sujets belges... **sont** *actuellement* admis... par réciprocité... » ; mais les expressions « ... **seront** admis... » indiquent nettement que les signataires ont eu en vue une situation *nouvelle* et ont par suite voulu modifier la situation actuelle.

On ne peut rectifier le texte de la convention et on doit le prendre tel qu'il est. Or ce texte assimile aux ouvriers français les sujets belges ou luxembourgeois ou leurs ayants-droit, sans restriction ni réserve. Il s'ensuit que les distinctions relatives à la privation ou à la déchéance de l'indemnité encourues pour défaut ou cessation de résidence sur le territoire français sont abrogées par ces traités, ainsi que le prévoit d'ailleurs le dernier alinéa de l'article 3 de la loi du 31 mars 1905.

954. — En résumé, les ouvriers belges ou luxembourgeois, victimes d'accidents du travail en France ou leurs ayants-droit, tels qu'ils sont déterminés par la *loi française*, bénéficient ou continuent de bénéficier de la pension ou portion de pension qui leur est allouée, alors même qu'ils n'auraient pas résidé sur le territoire français au moment de l'accident ou qu'ils cesseraient d'y résider dans la suite.

De même les ouvriers français, victimes d'accidents en Belgique ou dans le grand duché de Luxembourg, ainsi que leurs ayants-droit, *prévus dans les lois belge et luxembourgeoise*, bénéficient des législations en vigueur dans ces deux pays.

955. — Conditions auxquelles est subordonnée l'application des conventions franco-belge et franco-luxembourgeoise. — Il faut distinguer si l'ouvrier étranger est occupé dans une entreprise établie dans le pays où l'accident s'est produit ou bien dans une entreprise ayant son siège sur le territoire de l'autre Etat.

956. — *Entreprise établie dans le pays où l'accident s'est produit.* — Un ouvrier belge est occupé dans une usine établie en France : il bénéficiera, ainsi que ses ayants-droit, de la loi française, quel que soit le temps depuis lequel il est attaché à cette usine ; réciproquement, un ouvrier français occupé dans une usine établie en Belgique sera admis à bénéficier de la loi belge, ainsi que ses ayants-droit, sans condition de durée de résidence.

L'article 2 de la convention ne prévoit en effet, dans ces hypothèses, aucune exception à la règle visée dans l'article 1er.

957. — *Entreprise ayant son siège dans un Etat autre que celui où l'accident s'est produit.* — Il est fait exception à la règle de l'article 1er « lorsqu'il s'agira de personnes détachées à *titre* « *temporaire* et *occupées depuis moins de six mois* sur le territoire de celui des deux Etats contractants où l'accident est « survenu, mais faisant partie d'une entreprise établie sur le « territoire de l'autre Etat. Dans ce cas, les intéressés n'auront « droit qu'aux indemnités et garanties prévues par la législation de ce dernier Etat. » (Art. 2).

Un ouvrier français, au service d'une maison établie en France et envoyé en Belgique pour exécuter des travaux temporaires, est victime d'un accident quatre mois après son arrivée en Belgique : l'accident sera soumis, au point de vue de l'indemnité et de la garantie, à la loi française. Si l'accident s'était produit après sept mois de séjour de la victime en Belgique, ce serait la loi belge relative aux responsabilités des accidents du travail qui serait applicable.

La loi belge serait également applicable, sans condition de durée du séjour en Belgique, si l'ouvrier français au lieu d'être détaché à titre temporaire était occupé dans une usine succursale permanente dépendant d'une entreprise dont le siège est en France.

L'exception prévue par l'article 2 est en effet subordonnée à deux conditions qui doivent être remplies. Il faut, pour qu'elle puisse être invoquée, qu'il s'agisse de personnes détachées à titre temporaire **et** occupées depuis moins de six mois. Le texte emploie la conjonction copulative **et** au lieu de la conjonction alternative *ou* d'où il suit que si l'une des deux conditions fait défaut, la règle reprend son empire.

958. — Indépendamment de cet argument de texte, on peut remarquer à l'appui de cette interprétation la seconde exception apportée par le 2e alinéa de l'article 2, relatif aux entreprises de *transport*.

Pour ces entreprises en effet, la loi du pays où l'accident s'est produit n'est pas applicable lorsque la victime est occupée de façon intermittente, *même habituelle*, dans le pays autre que celui où les entreprises ont leur siège.

Si les signataires ont cru devoir spécifier formellement que la victime occupée, même d'une façon habituelle, dans l'Etat où l'accident s'est produit, ne peut réclamer le bénéfice de la législation de cet Etat, quand il s'agit d'une entreprise de transport, c'est que l'occupation *habituelle* donne lieu pour les ouvriers des autres professions à l'application de la règle *locus regit actum*.

959. — **Exemptions et immunités.** — L'article 3 stipule l'exemption des droits de timbre, de greffe et d'enregistrement et la délivrance gratuite de tous les actes, certificats ou documents passés ou délivrés aux fins d'exécution des lois française, belge ou luxembourgeoise. Ainsi l'extrait de l'état-civil ou l'acte de notoriété qui seraient exigés par la loi belge pour justifier les droits d'un ayant-droit d'un ouvrier français victime d'un accident en Belgique et soumis au régime de la loi belge, devraient être exempts en France de tous droits de timbre et d'enregistrement.

959 bis. — *Enquête, avance, assistance judiciaire.* — « Il a été entendu toutefois que l'un des Etats intéressés ne pourra jamais être obligé de faire l'avance de frais quelconques à l'occasion de procédures ou d'instances suivies dans l'autre pays. Par exemple, lorsqu'un accident sera survenu en France à un ouvrier appartenant à une entreprise belge ou luxembourgeoise, occupé momentanément sur notre territoire dans les conditions prévues par l'article 2 de la convention diplomatique, les receveurs de l'enregistrement n'auront aucune *avance* à faire à l'occasion de l'enquête qui pourrait être effectuée dans notre pays en vue de l'exécution de la loi belge ou de la loi luxembourgeoise..... L'instance en règlement de l'indemnité n'étant pas engagée devant un tribunal français, la victime ou ses ayants-droits ne sauraient se prévaloir du bénéfice de l'assistance judiciaire, accordé d'office par l'article 29 de la loi du 9 avril 1898 ni, par conséquent, exiger de l'Administration qu'elle fasse les avances prévues par la loi sur cette assistance. »

(Instᵒⁿ de l'Admᵒⁿ de l'Enregistrement du 18 juillet 1907, nº 3215).

960. — Date de l'entrée en vigueur des conventions. — Les conventions franco-belge et franco-luxembourgeoise entreront en vigueur en France et en Belgique ou dans le grand-duché de Luxembourg un mois après qu'elles auront été publiées dans les trois pays, suivant les formes prescrites par leur législation respective. Le décret du 12 juin 1906, concernant la convention franco-belge a été publié au journal officiel du 14 juin 1906 et celui du 10 novembre 1906 relatif à la convention franco-luxembourgeoise a été publiée dans le journal officiel du 15 novembre 1906.

C'est respectivement à partir du 14 juillet 1906 ou du 15 décembre de la même année que ces conventions sont applicables en France.

961. — *Dénonciation de ces conventions.* — Ces conventions demeureront obligatoires jusqu'à l'expiration d'une année à partir du jour où l'une ou l'autre des parties contractantes l'aura dénoncée.

Vᵉ Section. — Circulaires du Garde des Sceaux des 18 Juillet et 4 Août 1906.

962 — **Circulaire du 18 juillet 1906.** — Cette circulaire règle les conditions dans lesquelles l'ouvrier peut se faire représenter ou assister en conciliation devant le président du tribunal. Elle permet à l'ouvrier, malade ou blessé et hors d'état de se présenter lui-même, de désigner un de ses camarades pour comparaître à sa place.

Elle lui permet également de se faire assister par un conseil, lorsque l'avocat ou l'avoué, régulièrement désignés, y consentent ou lorsqu'il n'a pas été possible d'assurer à l'ouvrier le concours d'un avocat ou d'un avoué.

Mais elle invite les magistrats à prendre les précautions nécessaires pour écarter l'ingérence des agents d'affaires, qui pourraient se présenter comme des camarades de la victime.

963. — **Circulaire du 4 août 1906.** Elle proclame l'obligation, pour les juges de paix, de toujours procéder à l'enquête prescrite par l'article 12 de la loi du 9 avril 1898, alors même que le président du tribunal aurait, sur leur réquisition, convoqué les parties devant lui en conciliation ou que le tribunal aurait homologué leur accord.

Cette circulaire confirme entièrement l'avis que nous avons émis sous le n° 858 ci-dessus.

VIᵉ Section. — Arrangement franco-italien.

964. — Un décret du 13 juin 1907, publié au journal officiel le 21 du même mois et ratifié le 4 juin 1906, contient le texte d'un arrangement intervenu entre la France et l'Italie le 9 juin 1906 au sujet de la réparation des dommages résultant des accidents du travail survenus aux nationaux des deux pays.

Cet arrangement assimile les ouvriers italiens, victimes d'accidents du travail en France, ou leurs ayants-droit aux ouvriers français. Il confère certaines attributions aux autorités consulaires et facilite le paiement des indemnités ou des arrérages de rente dûs aux victimes ou à leurs ayants-droit ne résidant pas dans le pays où l'accident s'est produit.

965. — Assimilation des ouvriers italiens ou de leurs ayants-droit aux ouvriers français et réciproquement. — Le préambule de l'arrangement porte que les deux Etats signataires ont pour but d'assurer à leurs nationaux *respectifs* le bénéfice *réciproque* de la législation en vigueur sur la réparation des accidents du travail.

D'après l'article 1er, les ouvriers ou employés de nationalité italienne, victimes d'accidents par le fait ou à l'occasion du travail sur le territoire français ou leurs représentants, auront droit aux mêmes indemnités que celles qui sont accordées aux ouvriers ou employés de nationalité française et *réciproquement*.

Il faut admettre que les ouvriers français, victimes d'accidents en *Italie*, bénéficient des dispositions de la loi italienne au même titre que les ouvriers italiens. C'est du moins ce qui semble résulter des mots « *bénéfice réciproque* » et « *réciproquement* » employés dans le préambule et dans l'article 1er.

L'article 2 exprime d'ailleurs formellement cette réciprocité pour les *ayants-droit*, puisqu'il vise les ayants-droit qui ne résideraient pas sur le territoire du *pays* où l'accident s'est produit, sans établir de distinction entre les deux pays contractants.

D'autre part, ces expressions « les dispositions sont également applicables... aux ayants-droit.. » paraissent établir une référence à l'article 1er; d'où il suit que, dans la pensée des signataires de l'accord, les ouvriers français et italiens et leurs ayants-droit jouissent des mêmes avantages au point de vue de la législation des accidents du travail. Or l'article 2 stipule que les ayants-droit « qui ne résident pas sur le territoire du pays où s'est produit l'accident, lorsqu'il est survenu, ou qui ont postérieurement cessé d'y résider... » auront droit aux mêmes indemnités que celles qui sont accordées aux ouvriers français et étrangers.

Du rapprochement de ces deux articles et de leur combinaison logique, on doit conclure que l'arrangement a mis sur le même pied les ouvriers et leurs ayants-droit ; que les avantages conférés aux uns sont également conférés aux autres.

Par suite, la déchéance encourue pour défaut de résidence ou cessation de résidence en France, par les ouvriers italiens ou par leurs représentants se trouve abrogée.

Au surplus, les motifs invoqués dans la discussion établie sous les n°s 951, 952, 953 et 954 nous paraissent s'appliquer entièrement à l'arrangement franco-italien.

966. — Rôle de l'autorité consulaire.

Enquête. — L'article 3 prescrit de donner avis de la clôture de l'enquête à l'autorité consulaire du ressort dans l'étendue duquel se trouve la résidence de la victime au moment de l'accident, afin qu'elle puisse prendre connaissance de la dite enquête dans l'intérêt des ayants-droit.

A prendre dans son sens strict les dispositions de cet article, il semblerait que l'autorité consulaire devrait être informée de la clôture de l'enquête, dans le cas seulement où l'accident a entraîné la mort, puisque c'est, dans ce cas seulement, qu'il peut être question d'ayants-droit. Nous ne saurions trop engager toutefois MM. les juges de paix de donner toujours communication de l'enquête à l'autorité consulaire ; car il est impossible de prévoir si un accident, jugé tout d'abord peu grave, n'entraînera pas des conséquences qui pourront déterminer la mort.

L'article 3 de l'arrangement ne fait d'ailleurs qu'ajouter une disposition spéciale à l'article 13 de la loi de 1898. Il laisse donc intactes les autres dispositions de cet article et, par suite, l'avis de clôture de l'enquête doit être donné aux parties, comme par le passé.

967. — *Paiement des rentes ou indemnités* (article 4). — Les chefs d'entreprise ou les assureurs ont la *faculté* de se libérer des arrérages de rente ou des indemnités, entre les mains de l'autorité consulaire de l'autre pays. Ce mode de paiement constitue une simple faculté pour les patrons ou assureurs qui peuvent, s'ils le préfèrent, payer entre les mains de la victime.

968. — *Défaut de paiement des arrérages de la rente à un ouvrier italien ne résidant pas en France. — Intervention de l'autorité consulaire.* — Lorsqu'un ouvrier français, victime d'un accident du travail et bénéficiaire d'une rente, ne peut obtenir le paiement des arrérages, il doit en faire la déclaration au maire de la commune de sa résidence, dans les formes indiquées sous les nos 631, 632, 633, 634 ci-dessus. Le maire transmet ensuite, dans les 24 heures, ces déclaration et pièces au directeur général de la Caisse des dépôts et consignations qui se trouve chargé de poursuivre le patron et de payer l'ouvrier.

L'article 11 dispose que, lorsqu'un ouvrier italien ne résidant pas en France, ne reçoit pas à son échéance les arrérages auxquels il a droit, les attributions dévolues à l'autorité municipale seront remplies à son égard par l'autorité consulaire à Paris. C'est donc au consulat italien de Paris que l'ouvrier italien ne résidant pas en France, devra s'adresser pour obtenir le paiement de sa pension. L'autorité consulaire mettra ensuite en mouvement la Caisse des dépôts et consignations, dans les conditions concertées entre les administrations compétentes des deux pays.

Il convient de remarquer que c'est seulement au cas où l'ouvrier italien ne résiderait pas en France, qu'il devrait recourir à l'autorité consulaire italienne. Dans le cas contraire, il devrait faire la déclaration au maire de la commune de sa résidence, comme un ouvrier français.

969. — Assurance à la Caisse nationale italienne. — L'article 5 permet aux assureurs français de s'assurer à la Caisse nationale italienne d'assurances contre les accidents pour le risque d'indemnité aux *représentants* ne résidant pas en France des ouvriers italiens.

Cette assurance est faite conformément au tarif provisoire annexé au décret (voir page 736).

970. — Paiement des indemnités par les soins de la Caisse nationale italienne ou par les soins de la Caisse nationale de retraites française. — (Art. 6 et 7).

I. — *Ouvriers italiens ou ayants-droit, titulaires d'une rente en France.* — Il faut distinguer si la rente est ou non devenue définitive par l'expiration du délai de révision. Dans le premier cas, mais seulement si l'ouvrier italien ou ses représentants le demandent, le patron français peut se libérer des arrérages en constituant des rentes dues à la Caisse nationale française des retraites pour la vieillesse. Cette caisse transmet à la Caisse nationale italienne de prévoyance, trimestriellement, le montant des arrérages échus qu'elle eût payés en France.

Dans le second cas, c'est-à-dire lorsque le délai de révision est expiré, la Caisse nationale française pourra se libérer vis-à-vis de la Caisse nationale italienne, par le versement du capital de la valeur de la rente calculée d'après le tarif prévu à l'article 28 de la loi de 1898. Ce versement sera employé par la Caisse italienne à la constitution d'une rente d'après le tarif italien.

II. — *Ouvrier français titulaire d'une indemnité en Italie.* — Lorsque le chef d'entreprise ou l'assureur aura versé à la Caisse nationale italienne les indemnités dues à des ouvriers français, cette caisse enverra aux ouvriers français, par *mandats postaux*, le montant des sommes qu'elle leur eût payées en Italie.

Lorsque la quotité des rentes sera devenue définitive, la Caisse nationale italienne pourra se libérer, en versant à la Caisse nationale française, leur valeur actuelle en capital d'après le tarif auquel la rente aura été acquise, c'est-à-dire d'après le tarif italien. Ce versement sera employé à la constitution d'une rente telle qu'elle résultera du tarif en vigueur pour la Caisse nationale française au moment du versement, c'est-à-dire d'après le tarif prévu à l'article 28.

971. — Exemptions et immunités fiscales. — L'article 10 édicte l'exemption des taxes ou droits fiscaux en France et en Italie des pièces ou documents à fournir en exécution des lois française et italienne et notamment dans les hypothèses prévues par les articles 4 et 7 de la convention. (Voir n°s 959 et 959 *bis*.)

972. — Date d'application et durée de l'arrangement. — Le présent arrangement aura force et valeur à partir du jour dont les deux Etats conviendront dès que la promulgation en aura été faite d'après les lois particulières à chacun d'eux. (Art. 14).

La durée de cet arrangement est fixée à cinq ans, sauf la faculté pour chaque partie contractante dans le cas de force majeure ou de circonstances graves, de suspendre en tout ou en partie ses effets, en ce qui concerne les services respectivement confiés aux caisses nationales des deux pays. (Art. 12 et 14).

Les deux parties devront se prévenir mutuellement une année à l'avance, si leur intention est d'y mettre fin à l'expiration de ce terme. A défaut d'un tel avis, l'arrangement sera prorogé d'année en année pour un délai d'un an, par tacite reconduction. (Art. 14).

En cas de dénonciation, les droits des victimes ou de leurs représentants vis-à-vis de leurs employeurs subsisteront dans l'avenir pour les accidents survenus jusqu'à l'expiration de l'engagement, c'est-à-dire que la réciprocité de traitement des ouvriers français et italiens ou de leurs ayants-droit produira ses effets, pourvu que l'accident ait eu lieu avant l'expiration de l'arrangement, alors même que le règlement des indemnités n'aurait pu être terminé qu'après cette expiration. Mais les attributions des autorités consulaires et des caisses nationales française et italienne prendront fin au jour de l'expiration de cet engagement, sauf le règlement des comptes en cours et le service des arrérages des rentes dont elles auraient antérieurement reçu les capitaux constitutifs.

VIIe Section. — Loi du 18 juillet 1907, promulguée le 21, ayant pour objet la faculté d'adhésion à la législation des accidents du travail.

973. — Nous avons indiqué sous le n° 934 les employeurs qui n'étaient pas soumis à l'application de la loi sur les accidents du travail. La loi du 18 juillet 1907 permet à ces personnes de se placer sous le régime de cette législation, pour les accidents qui surviendraient à leurs ouvriers, employés ou domestiques, par le fait ou à l'occasion du travail.

C'est ainsi qu'un propriétaire ou une personne quelconque, (rentier, fonctionnaire, magistrat, etc.) pourra garantir contre les accidents du travail dans les conditions prévues par les lois des 9 avril 1898, 31 mars 1905 et 12 avril 1906, les domestiques ou employés à son service. Il en sera de même des cultivateurs, éleveurs, etc. qui ne sont pas actuellement assujettis relativement à leurs domestiques ou ouvriers agricoles ; des officiers publics ou ministériels, en ce qui concerne leurs clercs ou employés et enfin des personnes déjà assujetties, par exemple des industriels et des commerçants, pour ceux de leurs salariés qui ne sont pas garantis, tels, par exemple, que les domestiques ou les journaliers.

974. — *Forme de l'adhésion de l'employeur.* — Cette adhésion est d'ailleurs purement facultative, tant de la part de l'employeur que de celle de l'employé et elle est soumise aux formalités suivantes :

L'employeur dépose à la mairie du siège de son exploitation ou, s'il n'y a pas d'exploitation, à la mairie de sa résidence personnelle, une déclaration dont il lui est remis gratuitement récépissé et qui est immédiatement transcrite sur un registre spécial tenu à la disposition des intéressés. Il doit présenter un carnet destiné à recevoir l'adhésion de ses salariés, sur lequel le maire appose son visa en faisant mention de la déclaration et de la date. Ce carnet doit être conservé pour, le cas échéant, être représenté en justice.

Le carnet doit-il être conservé même après que l'employeur a déclaré faire cesser son assujettissement, ainsi que le lui permet l'article 3 (voir n° 976) ? — La loi ne le dit pas et elle n'indique pas non plus que le carnet doit être conservé indéfiniment. Pourtant, comme la déclaration de cessation d'adhésion de l'employeur n'a point d'effet vis-à-vis de ses employés qui ont adhéré à la loi et comme d'autre part, lorsque ces employés savent écrire, la seule preuve de leur adhésion résulte de leur inscription au carnet, il semble qu'on doit admettre que l'employeur doit conserver le carnet, tant que ses employés garantis sont à son service. Mais lorsqu'il est complètement dégagé vis-à-vis d'eux, nous pensons qu'il n'est plus tenu de conserver le carnet qui ne présente plus aucun intérêt.

Forme de la déclaration et du carnet. — Cette forme est réglée par le décret du 30 juillet 1907 (pages 739-740-741).

975. — *Forme de l'adhésion des employés ou domestiques.* — Ces salariés ne sont pas garantis de plein droit et par la seule déclaration de leur employeur. — Ils doivent donner leur adhésion datée et signée par *eux* en toutes lettres sur le carnet prévu à l'alinéa précédent. Il s'ensuit que ce sont eux-mêmes qui doivent inscrire la date en toutes lettres.

S'ils ne savent ou ne peuvent signer, leur adhésion est reçue par le maire qui la mentionne sur le carnet. Le même mode de procéder devrait être suivi s'ils savaient seulement signer, sans savoir écrire ; car le premier alinéa de l'article 2 exige expressément que l'adhésion soit *datée* par eux en toutes lettres.

L'adhésion des mineurs et des femmes mariées est également reçue par le maire et cette formalité tient lieu de l'autorisation du père, des tuteurs ou du mari.

976. — *Durée de l'adhésion.* — a). *En ce qui concerne l'employeur.* — L'employeur peut, pour l'avenir, faire cesser son assujettissement à la loi sur les accidents du travail au moyen d'une déclaration spéciale faite à la mairie, transcrite sur le registre visé à l'article 1er et sur le carnet.

La loi n'impose pas d'autres conditions à l'employeur, pour se soustraire à la législation des accidents du travail. Il s'ensuit qu'il peut faire cesser son assujettissement quand il le désire et à n'importe quel moment.

Mais en ce qui concerne ses domestiques ou employés qui ont accepté l'adhésion, l'assujettissement ne cesse pas. En conséquence, tant que ces domestiques ou employés restent à son service, ils continuent à bénéficier de la garantie en matière d'accidents. Ce n'est que pour les autres employés ou domestiques qu'il prend à son service, après la déclaration de cessation, que cette déclaration produit son effet.

b). *En ce qui concerne les employés.* — Il semble bien évident que les employés ou domestiques ne sont garantis qu'autant qu'ils restent au service de l'employeur qui a fait sa déclaration d'adhésion. Ils n'ont d'ailleurs pas, comme l'employeur, la faculté de faire cesser l'adhésion inscrite sur le carnet de l'employeur, tant qu'ils restent à son service ; du moins aucun texte exprès ne leur donne cette faculté.

Si les employés ou domestiques entrent au service d'un autre patron qui n'a pas adhéré à la législation des accidents du travail, ils ne peuvent invoquer le bénéfice de cette législation, sous le prétexte qu'ils avaient été garantis alors qu'ils étaient au service d'un précédent employeur.

Ils doivent, chaque fois qu'ils changent d'employeur, renouveler leur adhésion sur le carnet détenu par cet employeur ou devant le maire, ainsi qu'il est expliqué ci-dessus.

977. — *Contribution au fonds de garantie.* — La contribution au fonds de garantie, pour les employeurs qui ne sont assujettis qu'en vertu de leur adhésion, est la même que pour les exploitations qui ne sont pas soumises à l'impôt des patentes. (Voir supra n° 947).

Pour les employeurs déjà assujettis, par exemple, pour les industriels qui étendent le bénéfice de la réparation à leurs domestiques, la contribution est la même que celle qu'ils fournissent en leur qualité d'assujettis. C'est du moins ce qui semble résulter implicitement de l'article 4 de la loi du 18 juillet 1907.

978. — *Date de l'entrée en vigueur de la loi.* — Aucune disposition n'étant inscrite dans le texte à ce sujet, il faut appliquer le droit commun et conclure que la loi est applicable après sa promulgation dans les délais ordinaires.

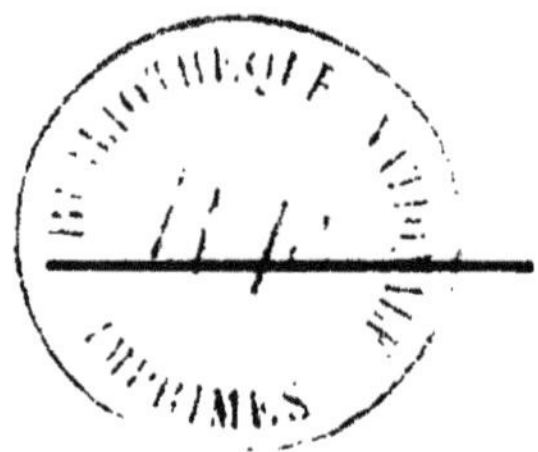

INDEX ALPHABÉTIQUE

IMP. [illegible]-RABENEZ, MONTDIDIER

BIBLIOGRAPHIE DES JUSTICES DE PAIX

Annales et Journal spécial des Justices de paix, **10** francs par an franco.

Bulletin spécial des Décisions des Juges de paix et des tribunaux de simple police, **8** francs par an franco.

Les **Annales** *dont la publication remonte à 1791 et le* **Bulletin des Décisions des Juges de paix** *à 1859, contiennent, le premier, toutes les lois nouvelles sur la compétence de ces magistrats, les articles de doctrine et la jurisprudence des Cours et Tribunaux supérieurs, et le second toutes les décisions intéressantes émanant des Juges de paix eux-mêmes.*

Table alphabétique des quatorze années de la collection du **Bulletin spécial des Décisions des Juges de Paix, depuis l'année 1895 jusques et y compris l'année 1908.** Un fort vol. gr. in-8. Prix **10** fr. *franco;* relié 2 fr. en plus.

Table alphabétique de la collection complète des douzes années des **Annales des Justices de paix depuis l'année 1896 jusques et y compris l'année 1907.** Un fort volume grand in-8. Prix : **10** fr. *franco;* relié 2 fr. en plus.

Dictionnaire usuel de Droit civil *à l'usage des juges de paix, greffiers, notaires, huissiers, avoués, etc.*, au courant de la législation et de la compétence les plus récentes, par A. Poidvin, sous-inspecteur de l'enregistrement. Trois volumes grand in-8. 1897-1902. Prix : **24** fr. ; reliés, 30 fr.

Textes des lois applicables en matière de simple police, suivis d'un tableau alphabétique des contraventions et des pénalités **avec Formules,** par F. Bauchon, juge de paix de l'Arbresle (Rhône). Un volume in-8, 1905. Prix **8** fr., relié **10** fr.

DICTIONNAIRE GÉNÉRAL

ALPHABÉTIQUE ET RAISONNÉ

de la Compétence des Juges de Paix

en matière civile, de simple police, d'instruction criminelle, et d'attributions extrajudiciaires.

par

Ch. MILLION et Alex. BEAUME

NEUF VOLUMES GRAND IN-8. 1905-1907

PRIX : Le volume broché . . . . **9 fr.**
— relié . . . . **11 fr.**

Payables par mandat-poste

Le volume broché. . **10** fr. | Le volume relié. . . **12** fr.

Payables sur les menues dépenses

www.ingramcontent.com/pod-product-compliance
Ingram Content Group UK Ltd.
Pitfield, Milton Keynes, MK11 3LW, UK
UKHW022107190726
13855UKWH00002B/706

9 782013 048859